孔子が話す

世界一わかりやすい「論語」

長尾 剛

PHP文庫

○本表紙図柄＝ロゼッタ・ストーン（大英博物館蔵）
○本表紙デザイン＋紋章＝上田晃郷

前書き

本書は、中国古典『論語』を、現代日本語の読み物にアレンジしたものです。『論語』は、儒教の開祖・孔子《こうし》の言行録です。孔子の死後、孔子に学んだ弟子たちが、おのおのの記憶をたどって、師から教えられた言葉や師とのやり取り、さらに、師にまつわる思い出話を、寄せ集めました。そして、後年にそれらを編集してまとめたものが『論語』なのです。

したがって『論語』の原文は、孔子の言葉をそのまま記したもの、弟子との対話スタイルでつづられたもの、孔子にまつわるエピソードをドラマ風に書き留めたもの、と幾つかのパターンに分けられます。本書は、これらをアレンジするにあたって、全てを「現代日本によみがえった孔子が一人語りで聞かせてくれる話」という設定にしてみました。いわば「孔子が講談師や落語家のように話をしてくれる」といったイメージです。

内容は、言うまでもなく原文の翻訳がメインです。が、言葉の解説や状況説明、さらに筆者なりの解釈を加味しています。これらも全て、孔子の一人語りのスタイルでまとめています。

筆者としましては、『論語』の面白さや素晴らしさをより解り易くお伝えするため、このような工夫をした次第です。しかし、あるいは読者の方々の中には、筆者の解釈にご賛同いただけない点を見出す方も、いらっしゃるかも知れません。ですがその点は、あくまでも「一つの解釈」として、なにとぞご理解ください。

本書は、ＰＨＰ文庫の拙著『世界一わかりやすい「孫子の兵法」』と同シリーズに位置づけられます。これは、いわば「古典の新しい楽しみ方」として、筆者が提案させていただいているシリーズです。

本書もまた、筆者とＰＨＰ文庫出版部の大山耕介様とのコンビで作り上げたものです。いつもながらの大山様のご尽力に、この場をお借りして御礼申します。

平成二十年初春

長尾　剛

世界一わかりやすい「論語」◉目次

前口上

エーッ……。

本日は、かくもたくさんの方にご参集いただきまして、まことにありがとうございます。

これより、ここ『PHP文庫誌上・公会堂』二階の座敷大広間に孔子先生をお招きし、私たち全人類の宝である先生の言行録『論語』の内容を、直接に語り聞かせていただきます。題しまして、『孔子先生、二千五百年の時空を超えて大いに語る。二十一世紀日本によみがえる「論語」の世界』です。司会進行は、私・長尾が務めさせていただきます。

始めるにあたって、まずは一つお詫《わ》び申します。

このたびの集《つど》いは、一階の大ホールにて孔子先生を壇上にお迎えし、ご講義いただく予定でございました。皆様へのご案内状でも、そのようにお伝え申しておりました。ですが孔子先生より、「皆様と膝を突き合わせ、くつろいだ雰囲気で語りたい」との、たってのご希望がございまして、こちらとしましても「さすが孔子先生のお人柄ならではのご希望」と大いに感服し、急きょこの座敷大広間での開催に変更した次第なのです。

ですから、準備は急いで間に合わせたつもりではございますが、何かご不都合の点もあるやも知れません。もし何かございましたら、ご遠慮なくお申しつけくださ い。後ろのほうにお座りの方、座蒲団《ざぶとん》とお茶缶は、足りておりますでしょうか。

エーッ……、大丈夫のようですね。それでは、本題に入らせていただきます。

……。

さて、皆様ご承知のとおり、『論語』は今より二千五百年ほど前に、孔子先生の教えを引き継いだ儒教の諸学派たちの手によって、まとめられた書物であります。彼らは、孔子先生より直接教えを受けた弟子たち、あるいは、後年の孫弟子たちです。

その内容は、孔子先生によって完成された政治論、社会論、教育論、人間論などが網羅され、さらには、孔子先生の言動の記録が多くつづられております。儒教の聖典として、私たち人類が長きにわたり親しんできた書物です。ことに、中国・朝鮮・ベトナムそして日本などの東アジアでは、大きな精神的支えとして、この『論語』が読み継がれてまいりました。

現代日本人である私たちにとりましても、『論語』は〝人生のテキスト〟として学べる点が多々あります。

内容の一項目一項目は、ごく短いものです。しかしながら、その全てを合わせると、なんと五百項目ほどを数える大著述です。これらは、二十の篇に分けられ、それぞれの篇には、その冒頭項目の第一番目に記されている単語が、そのままタイトルとして付けられております。

本日は、孔子先生にこの『論語』を直接に語っていただくわけですが、無論のこと、この膨大な内容の全てを取り上げていただくわけには、まいりません。そこで先生に、各篇より一項目ないし数項目を選んでいただき、それについてジックリと語っていただくことと、いたしました。どうぞ、この点をご了承ください。

では、いよいよ孔子先生にご登場いただきましょう。先生には、こちらの上座の席に着いていただいて、お話しいただきます。

さあ、皆様、盛大なる拍手をもってお迎えください。

（一同拍手。孔子登場）

やぁ、初めまして。わしが孔子じゃ。

わしの昔の話を聞きに、これほどの人たちが集まってくれて、まことに嬉しい。今日は、かつてわしの弟子たちが書きまとめてくれた書物をもとにして、色々と話をさせてもらうつもりじゃ。はてさてどんな話になるやら……。マァ、楽しんでいってくれ。

それで、一応話の区切りごとに、その篇のタイトルを示していくがな、この点はあまり意味がないでな。さほど気にせんでくれて、よい。

では、早速始めようか。エーッと……、まずは「第一篇」に入っておる話からじゃな。

第一篇『学而《がくじ》』

「君子」は安心感を持っている

……さて、と。では、そろそろと話し始めさせてもらうかの。

それにしても、皆の時代の書物は、じつに扱い易いのォ。こうしてパラパラと文面を次から次へ読み進めていける。この紙というシロモノは、じつに素晴らしい。

わしの生きておった時代には、な。こんな紙などといった便利なものは、なかった。書物というても、細く切った竹や木の切れ端《きはし》を紐《ひも》でつないだものに、文字をつづっておった。ご存知の方も、おるかな。「竹簡《ちくかん》」とか「木簡《もっかん》」と呼ばれるシロモノじゃ。

だから、書物はとてつもない貴重品でな。誰もが気軽に見られるものではなかった。

書物を読んで物事を知る。書物を通して学ぶ。そんなことは、そう簡単には味わえない体験だったわけじゃよ。

だから、学ぶこと、学べるという体験は、とても貴重であった。何かを学ぶ。勉強する。指導してくれる先生に書物を見せてもらい、書物につづられた内容を教えてもらう。そうして、あとでそれを何度も思い返し、自分なりに考える。

すると〝頭の中が磨かれていく〟実感が、わき起こる。ふだんの生活だけでは得られぬ深く広い世界が、心に広がっていく。

こんなに楽しいことは、若い頃のわしには、ほかになかった。皆も、そうではないかの。学ぶことは、本当に楽しい。

そうそう。ほかに楽しいことと言えば、遠くにいる友だちが訪ねてきてくれることじゃ。久しぶりに会う友と語らい、互いに、自分一人だけでは知り得なかったことや思いもしなかったことを、伝え合う。驚きがあり、感動があり、心の絆《きずな》を実感する。こんな喜ばしいこともそうそうないと、わしは思う。

人は、いつも一人でおっては、いかん。他人との触れ合いに、コミュニケーションに、人は必ず喜びを見出す。人の心とは、本来そういうふうにできておる。

そうやって学ぶ経験を積んでいけば、自分という人間に自信がついてくる。「俺は賢くなれた。俺の心は立派に成長した」という実感が、生まれる。

そうした実感を得られさえすれば、世間に軽く扱われようと、詰まらぬ偏見を持たれようと、ちっとも怒る気がしなくなる。

私のことを知りもしない世間などに、どう言われようと構わない。私はこれでいいんだ。

――といった〝安心感〟が、手に入るのじゃ。

本当の人格者、本当に偉い人とはな、そうした安心感を持っておる人を、指す。

これが「君子」というものじゃ。

社会的な地位や収入だけで人の偉さは見定められぬ、ということじゃな。

人の価値を計る唯一のポイント

世間でチヤホヤされる人というのは、たいてい口がうまい。

話の盛り上げ方が上手で、適当に相手をおだてることも、忘れぬ。おだてられれば、誰だって気分が良くなるじゃろう。だから口のうまい者は、世間に歓迎される。

そして、顔を化粧で綺麗に飾っとる美しい人も、やはり世間にチヤホヤされる。美しい人は誰だって好きじゃ。わしとて好きじゃ。だから「美しい人に好かれたい」と、誰もが思う。「美しい人に自分のほうを向いてほしい」と、願う。その結果、誰もが美しい人をチヤホヤする。

だが、な。わしの経験から言って、おのれの口のうまさや顔の美しさを、自慢気にしている者、誇る者には、たいてい「仁《じん》」がほとんどない。

「仁」。解るかな。

人が人として正しく生きるために絶対に必要で、もっとも大切な〝心の要素〟じゃ。解り易く説くと、他人への思いやり。自分だけではなく他人をも大切にしようとする気持ちじゃ。他人に喜びを与えたいと願う心じゃ。

だが、こういったタイプの者は、たいてい「おのれが世間にチヤホヤされること」だけを目的として、おのれの口のうまさや顔の美しさを利用しておる。他人への優しさからは行動せぬ。詰まるところ、ただ自分の満足しか求めぬ。

誤解しては、いかん。無口でブッキラボウで汚れた顔のまま平気でいる人間にこそ「仁」がある――などと述べておるのではない。そういうタイプは、それはそれで問題じゃ。

要は、語り口にしろ化粧にしろ、そんなものの優劣だけで人の価値は決まらぬ、ということじゃ。

その者がどれほど「仁」を心に宿《やど》しておるか。目の前にいる相手への思いやりを、どれだけ心に宿しておるか。そこが唯一、人の価値を計るポイントなのじゃよ。

若者の生きる心得

若い人には、ふだん最優先で心掛けねばならぬことが、ある。

まず、家の中では「孝《こう》」であれ。すなわち、父母が喜んでくれるように振る舞え。

そして、社会に出たら「悌《てい》」であれ。すなわち、年長者に従順となり、逆らわぬようにせよ。

若いうちは誰しも、何の戒《いまし》めもなく生きていると、欲望をいつでも激しく燃やす。我が欲望を無制限にさらけ出して、他人や世間を気遣《きづか》うゆとりがなくなる。すなわち「仁」を心に持てなくなる。

だからこそ「孝」や「悌」を強く意識するのじゃ。その意識が、おのれの欲望の暴走をセーブし、コントロールしてくれる。言うなれば〝自分の目で自分の心を監視する〟という姿勢じゃ。

世の中の秩序を乱さぬよう、自らの行動を慎重にせよ。他人に向かって話す時は、一言一句ていねいに言葉を選べ。情動に任せて勢いだけで動いたりしゃべったりは、決してするな。

これが、若者の生きる心得というものじゃ。

この心得をしっかりと実践するには、常に「他人を愛する気持ち」を持とうと努めることじゃ。常に、自分の周りの人たちを傷つけぬよう悲しませぬよう、心掛けることじゃ。「愛」こそが「孝」や「悌」の源じゃ。「仁」の根源じゃ。

そのうえで、とくに「この人には仁がある」と感じられる師や先輩、あるいは友を探し出して、その者と親しく付き合う。これがまた、肝心じゃ。

そうすれば、その相手から自然自然と良い影響を受けて、我が心に「仁」がよく育つ。ごく自然に、他人を思いやれる優しさが、大きく身につく。

若者の日々は、こうした日常の心得がもっとも大切と言える。書物を読み知識を詰め込むことは、この心得の実践のあとでまだ余裕があったら、やればよい。

書物から学ぶこと。「仁の人」から学ぶこと。優先すべきは後者なのじゃ。「仁」をよく知らぬ若者が書物に接するばかりでは、本当に良き人生は得られぬ。

君子も過ちを犯す

人が目標とすべき存在が、「君子」じゃ。

君子とは、何か。言うてみれば「人々の上に立つ資格のある者」じゃ。社会や組織のトップに立って人々の暮らしや仕事を導く。あるいは、師として人々の学問を導く。そうした指導者の資格を有した人間をして、君子と呼ぶ。

人は、一人で生きるものではない。他者とともに生きる。社会の中で生きる。である以上は、誰しもが、君子たる志を持て。

何も「皆が天下国家を狙え」などと無茶な妄想を言うておるのではない。「自分なりのレベルに合った君子」を目指せ、ということじゃ。

ほんの数人、いや一人でもよい。幼い子供でもよい。あるいは、まだおらぬ未来の子孫でもよい。自分以外の誰かから「あなたの導きを請《こ》いたい」と言ってもらえるようになれ。そういってもらえる人間を目指せ。

――というわけじゃ。

君子とは、どうあるべきか。ドッシリと落ち着いた態度でなければならぬ。おのれの存在感に重みがなければならぬ。そうでなければ威厳というものが生まれぬ。威厳は君子の絶対条件じゃ。

本当の威厳とは、な。その場しのぎのカラ威張りやコケ威《おど》しの芝居などからは、決して生じぬ。その者が積み重ねた日々の努力から徐々に培《つちか》われた自信。「私は、我が心に『仁』を育ててきた」といった自信から、威厳は生じてくるのじゃ。

だから君子の姿とは、言ってみれば〝威厳のオーラ〟が出ているもので、自然と落ち着いた風格を感じさせる。ただの演技では、本当に落ち着いた風格は感じさせられぬ。

そして、君子とは、よく学んでいるものじゃ。

書物から、世間から、他人から、さまざまなことを吸収する。おのれの気持ちや考えに、それらを反映させる。周囲からの影響を良き参考として、我が心を磨く材料とする。これらをして「学ぶ」と言うのじゃ。

したがって、よく学ぶ者ほど、すなわち立派な君子ほど、頑固ではなくなる。自分だけの勝手な意見や考えに拘《こだわ》らぬ。自分と違う意見に出会っても、「なるほど。そうした見方もあるなァ」といった具合に受け入れ、新たな参考にするだけの〝心のゆとり〟を、持っておる。

頑固とは、決して誉《ほ》められた性格ではない。少なくとも、君子の要素ではない。

さらに、君子とは、よく他人と交流するものじゃ。他人と心を通い合わせるものじゃ。

他人と心通わせるには、どうすべきか。「忠《ちゅう》」と「信《しん》」を第一に心掛けることじゃ。

「忠」とは、すなわち「相手を自分より優先してやる優しさ」じゃ。「信」とはすなわち、「相手に決して嘘をつかぬ正直さ」じゃ。この二つを忘れなければ、きっと誰とでも心の交流が持てる。

マァ、そうは言っても、人はやはり、自分が第一に大切じゃ。自分が可愛い。自分を他人より優先したい。ごく当たり前の人情じゃ。言ってしまえば、「忠」も「信」も、そうそう簡単に心掛けられるものではない。

だがそれでも、いや、だからこそ、「忠」や「信」を我が心に少しでも宿すよう意識して努めよ。その努力が大切なのじゃ。この努力をする者が、周囲から「君子」と仰がれるのじゃ。

さらに述べるなら、君子を目指す者は、劣った人間と親しくなってはならぬ。

勘違いするでない。ここで言う「劣った」とは、心の点においてじゃ。

どれほど能力が優れていようと、どれほどこちらを気分よくおだててくれようと、「仁」を持たず「忠」と「信」がほんの一片もない人間。百パーセント自分の欲しか持たぬ人間。そんな〝劣った人間〟を、友や仲間としては決してならぬ——ということじゃ。

そんな人間をそばに置いておくと、一時こそ便利だったり楽しかったりしても、結局はこちらの心まで汚される。君子への道が、遠のいてしまうのじゃ。

最後に、もう一つ。ここで述べておこう。

君子を目指す者は、過ちを犯したら潔《いさぎよ》く謝り、すぐにあらためよ。

人は、おのれの過ちに気づいても、それをグズグズとごまかそうとするものじゃ。世間のバッシングを恐れたり、目先の損得だけを考えたり、メンツや意地に拘って、な。だが、そんな態度は決して君子の取るべき態度ではない。

「君子は過ちを犯さぬ」と思っている者も、中にはおろう。とんでもない勘違いじゃ。君子とて人間。過ちを犯してもおかしくない。

君子とは、「過ちを犯さない存在」なのではない。「過ちを犯したらすぐにあらためる存在」なのじゃ。過ちをあらためた結果どれだけ損をしようと恥をかこうと、その損も恥も全て甘受《かんじゅ》する。他人に迷惑を掛けたなら、ごまかさず詫《わ》びる。詫びて、厳しい叱責を受け止める。それでこそ君子の資格がある！――と言える。

解るな。君子とは、そうしたもの。だから君子とは、誰にとっても「自分なりの人生の目標」とすべき存在なのじゃ。

君子は調子のいいことをベラベラしゃべらない

君子とは、いかなるものか。もう少し具体的に述べてみようか。

まず君子は、旨《うま》いものを腹いっぱい食べようとはせぬ。上等で住み心地の良い家を欲することも、せぬ。

旨い食べ物を嫌い、快適な住まいを嫌う――という意味ではない。そんなのは人として不自然じゃろう。君子だって、旨いものも良い家も好きじゃ。それが全く苦労なく手に入るなら、それはそれで結構と思う。どうしたってそれ相応の苦労が要《い》る。だが、な。現実問題、旨いものや良い家を手に入れるには、どうしたってそれ相応の苦労が要《い》る。カネと手間が掛かる。君子は、そんな苦労やカネや手間を惜しむのじゃ。

苦労や手間そのものを厭《いと》うのではない。そうではなくて、食べ物や住処《すみか》なんぞのために苦労しようとは、せぬのじゃ。もっと「高いもの」を求めるために、苦労したいと思う。手間を掛けたいと思う。

それすなわち、学問じゃ。学問に努め、我が「仁」を深めること。君子はそのための苦労をこそ厭わず、手間を惜しまぬ。そうした苦労をこそ、求める。

さらに君子とは、仕事が早い。人のため周りのために動かねばならぬと解れば、すぐに行動に移す。

どれほど知識が深く物事の成り行きを見通す眼力があったとて、理屈をこねるばかりの人間は、決して君子ではない。

だから君子は、やたら調子のよいことをベラベラしゃべったりせぬものじゃ。むしろ言葉を発するときは、慎重になり、一言一言ていねいに言葉を選ぶ。「自分の言葉と自分の行動は、きちんとつながっていなければならない」と、君子は考えるからじゃ。言ったからには言っただけのことを為す。その責任感が、君子たる条件というわけじゃ。

人は君子に、良き指導を求める。君子はその期待に応えるべく、人の先に立って〝実際の手本〟とならねばならぬ。良き指導とは、常に「実際にどうすべきか」に応えてやるものじゃ。行動がともなうものなのじゃ。

さらに言うと、な。手本となるのも君子なら、手本を求めるのも、君子なのじゃ。

君子は常に、自らも指導者を求めるものじゃ。「仁」をよく知る立派な人を求める。そうした人を、師と仰ぐ。

自分の判断や行動について、立派な師から的確な批評を受けたいと、願うからじゃ。おのれに誤りがあれば正してもらいたいと、考えるからじゃ。

自分では正しいつもりでも、じつは狭い自説に拘って、正しい道を見失っているかも知れぬ。周囲のためと思って行動しながら、じつは周囲に迷惑を掛けているかも知れぬ。

――といった具合に、君子とは「おのれのミスの可能性」あるいは「おのれの考えのリスク」を、常に自覚できるものなのじゃ。

言い換えると、な。君子とは「完全無欠の存在」ではない、ということじゃ。そうではなくて、「私はまだまだ完璧ではない」と自分で自分を戒められる。それが君子というものじゃ。

この自覚を持って、学ぶ姿勢を常に持つ。旨い食べ物を得る苦労より、学ぶ苦労を優先する。そうあってこそ、本当に「学問を好む」人と言える。すなわち「君子の資格有り」と言えるのじゃ。

コラム 『論語』とは何か

こんにちより二千五百年ほど前、中国に一人の大思想家が誕生しました。孔子です。

彼は、それまでに積み重ねられてきた中国の伝統的な宇宙観、世界観、道徳観、人生観などを、オリジナリティあふれる視点から高度にまとめ上げ、ひとつの〝人類普遍の思想〟として完成させたのです。やがてそれは、仏教やキリスト教にも匹敵する世界的な宗教レベルの教えとして、多くの人々が信奉するものへと成長しました。これが、「儒教」です。

つまり孔子は、儒教の開祖であり、人類史にあって、仏教におけるオシャカ様と同じような立場の人です。その孔子の言行録が『論語』です。ですから『論語』は、儒教における聖典なわけで、世界中の儒教の信奉者たちが、二千年以上読み継いできた書物です。

ちなみに、この『論語』というタイトルは、「孔子が論議した語を集めたもの」といった程度の意味から付けられたようで、全くヒネリのないネーミングです。全二十篇の構成ですが、まず前半の十篇だけがまとめられ、後半の十篇は、後から付け足されたようです。後半の篇の中には、孔子の弟子の言動の記録だけで、孔子当人は登場しない項目も多くあります。

また、各篇は、それぞれに特徴を持たせるよう編集した苦心の跡が見られなくもありません。が、結局その編集コンセプトは、うまく行かなかったようです。篇ごとの特徴の違いは、ほとんどありません。各篇のタイトルも、単純に冒頭の二文字をそのまま使っているだけで、意味はありません。

儒教の教えというのは、ものスゴく大雑把《おおざっぱ》に言ってしまうと、「親孝行を絶対的な善とする」ところからスタートします。

したがって、血の繋《つな》がった者どうしの本能的な慈《いつく》しみ合いが、人間のもっとも大切な要素となるわけで、その延長として「仁《じん》＝他人への思いやり」が、教えの根本になるわけです。さらに、親孝行の延長として「先祖崇拝」の重視が成り立ちますし、社会における「上下関係」も、親子関係の延長と捉えることで絶対視されます。

中国では、「漢」時代の天子である「武帝（紀元前一四一～前八七在位）」の統治の頃から、儒教が公認の教えとして採用され、その後ずっと信奉されてきました。こんにちでも儒教は中国人の心の拠《よ》り所として、あり続けています。また、中国を〝文明のお手本〟としてきた朝鮮や日本でも、儒教は、民族性の根幹として根付いています。

第二篇『為政《いせい》』

「徳」とは何か

政治とは何か。それを述べて進ぜたいと思う。

わしの生きた時代、国家の多くは、人民を武力によって統制しておった。あるいは制度法令を厳しく定めて、法に従わぬ者を厳しく罰し、そうやって治安を維持しておった。

この政治スタンスは、正義であるか。違う！　断じて違う。人民を力をもって統《す》べることは、「天」の定める正義に背《そむ》くものじゃ。何故なら、力の政治はきっと民に悲しみを感じさせる。不満、口惜しさ、無念さを感じさせる。

真実の政治とは、一言で言うなら「徳《とく》」の実践である。

「徳」とは、何か。人なら誰しも「正しい」と感ぜられる正義じゃ。上から力で押さえつけられなくとも、誰もが自ら「従おう、従うべきだ」と思える正義じゃ。

すなわち、全ての人が悲しみや辛《つら》さを感じずに済む国を営む。それをして「正しき政治」と言える。正義の政治と言える。政治における「徳」の実践と、讃《たた》えられる。

「徳」の政治の形とは、な。解り易くたとえるなら「北極星」じゃ。

北極星は天にあって、動かぬ。ずっと同じ位置で輝き続ける。それでいて、周りの星々は、その北極星を取り囲み、北極星を中心にして回転しておる。

星々は、北極星から「我が周囲を廻れ」などと強制されているわけではない。なのに全ての星が、自らそれを求めるかのように、北極星を仰ぐかのように、廻っておる。

「徳」の政治を行なえば、人民は星々のように、きっとなる。自ら進んで、その政治を仰ぎ、従おうとする。そうなって皆が自らの意思で力を合わせ、国を支える。

正しい政治のあり方とは、これしかないのじゃ。

制度も法も「徳」に準じる

為政者が、ただただ制度法令だけで民をしばり、「法を犯したら罰する」といった〝脅し〟で国をまとめようとするなら、その国はきっとダメになる。

何故なら、そんな国は、表面上一時《いっとき》は穏やかに治まっているように見えても、国を支える民の心に全く「仁《じん》」が育たないからじゃ。

罰による統治は民を、ただ「罰が怖いから従う」というだけの気持ちにさせる。となれば、次には「罰さえ食らわずに済むなら、それでいい」という気分になり、やがては「どんな悪いことだって、ごまかし通せれば、やって構わない」という考えに行きついてしまう。

「悪いことはやってはいけない」という、あまりに当たり前な「天の定め」さえ忘れる。「悪いことをやったら恥ずかしい」という、人間としての根本的な「恥」の心を失う。

人民がそうなったら、いつしか必ず国は乱れ、弱まり、滅んでいく。

だから政治とは「徳」を第一にせねば、ならぬのじゃ。制度も法も「徳」に準じていれば、それだけでよい。罰の決まりなど設けなくてよい。

民は、「我らの国は徳で治められている」と解れば、罰の規定などなくとも、進んで国の平穏に力を尽くす。

この「徳」を、はっきり目に見える形として整えたのが「礼《れい》」じゃ。

すなわち「徳」の実践とは、具体的に言うなら「礼を行なう」ことなのじゃ。

民の心を徳によって導き、民の暮らしを礼によって整える。こうしていけば民は、「悪いことは恥だ。だから、やるチャンスがあってもやらない」と、自分で自分を戒めるようになる。罰の決まりなど不要となる。

こうなってこそ、国の者全てが正義の道に目覚めて、国は、真に「正しき国」へと至るであろう。

「礼」とは何か

以前、わしの故国である「魯《ろ》」の国の家老に、孟懿子《もういし》という者がおってな。わしは、その人物から「孝《こう》とは、どうすべきか」と問われたことがある。

「孝」とは、な。親に対する「徳」の実践じゃ。

人の世の基本は、「親と子」という「上と下のつながり」によって、形作られておる。世界のあらゆるつながり・関係は、この基本スタイルに則《のっと》ってできておる。

だから、人は必ず、さまざまな他人とそれぞれに「上と下のつながり」を持っておる。つながりによっては、自分が「親の如き上の立場」の場合もある。あるいは「子の如き下の立場」の場合もある。

人が正しく生きるには、この「他人とのつながり」を大切にしていくことじゃ。つながっている相手に、真心を込めて接することじゃ。おのれが上の立場なら下の立場の者を慈《いつく》しみ、下の立場なら上の立場の者を敬《うやま》って、これに従う。それでこそ世界は正しい姿となり、平和になる。

したがって「孝」は、人のもっとも尊ぶべきものじゃ。では、それは具体的にはどういった行動なのか。それをわしは、聞かれたわけよ。

わしは、ただ一言、こう答えてやった。「礼に外《はず》れぬことです」と。

「礼」とは、大きな意味で説けば「下の者が上の者に接する際の正しい態度」じゃ。それを示す形式、作法をいうのじゃ。親に接する時、ご先祖様に接する時、形式を正しく踏まえて、作法に決められたとおり対応する。それが「礼」を守る、すなわち「孝」の行動というわけよ。

孟懿子が、わしの言葉を理解できたかどうかは、知らぬ。しかしあの男は、わしの一言を聞いて何も言わず、憮然《ぶぜん》としておった。顔つきが何やら不満げな様子であった。が、それでも、さらに詳しい教えをわしに請《こ》おうとは、せなんだ。

わしとて、きちんと教えを請うてこぬ者には、きちんと教えてやる気はないでな。結局、それだけで彼の屋敷を退出したのよ。

で、その帰り路。わしの馬車の御者を務めておったのが、樊遅《はんち》という若い弟子での。わしは馬車に揺られながら樊遅に、

「さっき孟懿に『孝』の意味を聞かれたので『礼に外れるな』とだけ答えてやったよ」

と、事の顚末《てんまつ》を話して聞かせてやった。

すると樊遅は馬を操《あやつ》りながら、

「先生。それはどういう意味でございましょう。どうか私にも解るよう詳しくお教えください」

と、頼んできた。そこでわしは樊遅には、きちんと教えてやった。

「親が生きているあいだは、常に『礼』に従って、親に仕《つか》えることじゃ。親が亡くなったら、やはり『礼』の作法に従って葬《ほうむ》り、弔《とむら》うことじゃ。そしてそれから後は『礼』の作法に従って親の霊をお祭りし、親の魂を慰めることじゃ。

こうしておのれの生きているあいだ、常に親へ『礼』の作法どおりに接することと。それが『礼を外れない』ことであり、『孝』を貫くことになる」と、な。

樊遅は、わしの教えを聞いて嬉しげに、

「よく解りました。ありがとうございます」

と、感謝を述べた。わしも、弟子にまた一つ学ばせてやれたことが嬉しかった。孟懿の屋敷を出た時は、少し気分が悪かったがの。我が家に着く頃には、その気分も晴れておったよ。

皆も解ってくれたかの。

「礼」とは、下から上に接する敬いと思いやりを形にして、整えたもの。人のつながりは全て「親子」のつながりに通じる。だから人は、生きている限り、さまざまにつながっている上の者に対して「礼」を忘れてはいかん。「礼」に定められた作法どおりに接しねばいかん。

それがこの世の正しきあり方じゃ。

「孝」には敬いの心が必要

わしの若い弟子の中に、子游《しゆう》という者がおっての。「礼」の作法をよく学び、若いのに、じつに「礼」に詳しい男であった。

その子游にも、やはり「孝」について問われたことがある。子游は、こう聞いてきたよ。

「老いた親の面倒をよく見てやれば、それで十分な『孝』と言えるのでしょうか」となな。

なかなか鋭い質問じゃ。そこでわしは、こう答えてやった。

「最近のふつうの人たちは、老いた親に食事を与え、衣服を与え、飢えないよう凍《こご》えないようにしてやって、それで『孝』だと思っておる節《ふし》がある。だが、それだけでは『孝』とは言えぬ。

犬や馬を飼う者だって、飼う以上は飢えないようにエサを与え、凍えぬように小屋に入れてやる。すなわち、衣食の面倒を見るだけならば、犬や馬を飼うのと変わらぬであろう。それをして『孝』と呼べるか。呼べぬ。

『孝』には、敬いの心が必ずなければならぬ。敬いの心なければ、親の面倒を見る態度と犬馬を飼う態度、どうやって区別できようか。

人には、犬馬などにはない崇高な心が備わっておる。老いた親とて、子の態度に敬いが感じられねば、心が傷つき、悲しみを感じる。腹が満ちても心は満ちぬ。親に悲しい思いをさせて、何を『孝』と呼べるか」とな。

子游は、このわしの答に、じつに感じ入った様子であった。

先ほど、「孝」とは「礼」の作法どおりに行なうもの、と教えたがの。くれぐれも勘違いしてはいかんぞ。本当の「礼」の作法には、必ず敬いの心が込められておる。

その心なくして上っ面《つら》だけどれほど立派に親の前で振る舞ったとて、そんなものはしょせん「犬の正しい飼い方」と同じようなもの、というわけよ。

ふだんの暮らしで得られる実体験はたかが知れている

人は、ご先祖様のこと、昔のことを知ろうとせねばならぬ。

何故なら、人一人がふだんの暮らしで得られる実体験など、たかが知れておる。狭いものでしかない。

だから、故《ふる》いことを学ぶのじゃ。自分の体験だけでは到底得られぬような知恵を、古き昔の歴史にたずねるのじゃ。学問とは、そうしたものじゃ。

昔の人々の営み。昔の人々の考え。昔の人々の気持ち。そうしたものを学べば必ず、おのれの狭い実体験だけでは知り得なかったこと、思いもしなかったことに、巡り合える。〝それを知らなかった昨日までの自分〟とは違う自分に、なれる。

新しい自分になれる。新しい人生が開かれる。新しい人生の道を知ることができる。

これすなわち「温故知新《おんこちしん》」じゃ。

「温故知新」を為し得た者は、それだけでも、他人を導ける立派な教師となれるのよ。だからわしもまた、それを目指して昔のことを学ぶのに努めたものじゃ。

覚えるだけでは心が暗いままだ

学ぶことの目的というものを、皆はきちんと考えたことはあるかな。ここまでにも再三言うておるように、それは「仁」を深く知ることじゃ。「君子」になることじゃ。

すなわち、自分の満足だけが目的ではない。周囲の誰かを、世の中の人々を、喜びに導くこと。それが学問の真の目的じゃ。

したがって、ただひたすら書物に没頭し、ただひたすら師の言葉を覚え、知識をアタマの中に詰め込むだけでよいと思っては、いかん。そんな態度は、浅はかな自己満足に過ぎぬ。

知識を覚えるばかりで、その知識を「他人のためにどう生かすか」と考えないのなら、それは暗闇の中でゴソゴソしているようなものじゃ。「仁」を本当に理解できた時、人の心には光が輝く。だが知識を覚えるだけでは、その光は決して灯《とも》されぬ。心はいつまで経っても暗いままなのじゃ。

その逆に、アレコレ自分勝手に考えるばかりで、書物や師の言葉を謙虚に受け入れる心掛けを持たないならば、これまた「仁」にたどり着けぬ。

狭くて限られた実体験から導き出される結論なんぞ、しょせんは、自己満足の愚かな独断にしかならぬ。他の人々の喜びには、結びつかぬ。すなわち「仁」にならぬ。

周囲にとっては、そんな独断を振りかざす人間など、かえって「皆の喜びを奪う危険な存在」でしかないのじゃよ。

他者に教えを請い、謙虚に教わる。教わったことは、そのままにせず、自分なりに分析し、判断し、考える。その両方が揃って初めて、人は「学んだ」と言えるのじゃ。

「物事を知る」とはどういうことか

わしの弟子に、子路《しろ》という男がおっての。

本名は、由《ゆう》という。この者は、わしより九歳若いだけで、わしの弟子の中では年長のほうであった。

ところが、この男、若い頃はちょっとオッチョコチョイと言うか、万事に早呑み込みの悪いクセがあってな。物事の表面を少し解っただけで「全て解った」と思い込んで、よく勇み足を踏んでは失敗しておった。

マァ、根はいたって正直者じゃし、それだけ「行動力がある」とも誉《ほ》められるんじゃがの。行動力は、君子になくてはならぬ条件じゃからな。

だから失敗しても〝善意から出る失敗〟だけに、憎む気にはなれなんだ。若い頃の子路には、よく困らせられたものじゃ。

それで、な。その子路に、こんな教えをしてやったことがある。

「由よ。おぬしに、『物事を知る』とはどういうことなのか、その本当の意味を教えておこう。

それはな、自分が本当に知っていることを『私はそれを知っている』と自覚できて、本当は知らないことを『私はそれをまだ知らない』と自覚できる。この二つの自覚をきちんと区別できることが、すなわち『物事を知っている』ということなのじゃ。

　自分は、何を知っているのか。どこまで深く知っているのか。自分の知識の幅や程度を、常に反省する。そうして不足なこと、まだ知りきっていないことは何かと、自分で自分に問いかける。そのような態度を忘れぬ人が、本当の『物知り』と呼べる人なのじゃ」と、な。

　わしのこの言葉を聞いた時、子路はハッとして、わしの目をまっすぐに見つめよったよ。そして「はい」と大きく返事した。それからの子路は、それまで以上に発憤して、よく学びよった。

　この子路が後世に知恵者として大いに活躍したのを知っている者も、皆の中には、おるじゃろう。

君子の即席養成法はない

　人の心とはな、月日を重ねて学んでいくうちに、徐々に成長する。「仁」を知り「君子」となるまでには、決して短くない年月の積み重ねが要《い》る。

若いうちに「仁を知ろう。君子になろう」と強い決心をしたとて、それですぐ「君子」になれるわけではない。「君子」の〝即席養成法〟なんぞ、ありはしないからの。

わしの場合を振り返っても、若い頃から年代によって少しずつ変わっていった。わしは、十五歳で学問を志した。「仁」を知るため努力しようと、人生の目標を定めた。「礼」を学び始めた。

三十歳で、ようやく一通《ひととお》りの「礼」を覚えた。「学問する人間」として世間に認めてもらえるくらいにまでは、なれた。わしの気持ちとしても、「よし。なんとか学問の基本は解ったぞ」といった確信が持てた。

もちろん「全て解ったぞ」と堂々言えるまでには、まだ道は果てしなく遠かった。つまり、この頃になってようやく、自分で「自分の力の程度」というものが正しく自覚できたわけじゃ。

となると、な。自然「自分にはまだ知らないことがたくさん残っているはずだ」といった不安で、若い頃よりかえって自信がしぼむものじゃよ。その後は「もっともっと学ばねば」といった焦りのような気持ちに、ますます追いかけられるようになった。

四十歳になって、ついに迷いが消えた。さまざまな「礼」に込められた意味。

「孝」の本当の形。「仁」の真実の姿。そうしたものが何か、はっきり見えてきた。

わしの目指す人生のゴールが、くっきりと目の前に現れた。そのゴールにたどり着くためあとは何を為すべきか、確実につかめた。不安やとまどいは、もはや消え去った。爽快な気分じゃった。

五十歳になった時、「天」から与えられた我が使命に、はっきり気づいた。自分が志を持った意味。自分が学んできた意味。それは「この世に何かを残す」ために、あったのだ。何かの仕事をして、誰かの喜びを生むためにあったのだ——と。人には皆、使命がある。人の人生には〝与えられた役割〟がある。それを決めてくれるのが「天」じゃ。

使命は、人によってさまざまじゃ。「天下国家を支える」という使命。あるいは「千年先の子孫にメッセージを残す」という使命。そんなスケールの大きなものから、「誰かたった一人の暮らしを支える」といった、可憐《かれん》なものまで。だが、どんな使命にも、やり遂げねばならぬ〝等しき価値〟があるのじゃ。

さらに六十歳になった時じゃ。この頃になって、ようやく、どんな他人の言葉にも素直に耳を傾けられるようになった。

人生の目標をしっかり持つことは、正しい。その目標に向かってまっしぐらに突き進むのは、立派な態度じゃ。……だがな、それは言い換えれば、その目標に〝拘《こだわ》り続ける〟ということじゃ。

拘りは、時として人を頑固《がんこ》にする。自分の拘りに反対する意見。自分の拘りを批判する声。そうしたものには、どうしたって反発を覚える。公平な態度をもって冷静に聞こうとは、しなくなる。

わしは齢《よわい》六十に達して、その反発心をようやく抑えられるようになった。わしに向けられたどんな批判意見を聞いても、感情的にならずに、その相手の心の奥底を見つめられるようになった。

もちろん、批判意見の全てに従うわけではない。そうではなく、「ああ。この人はこんな心の持ち主で、だから、こんな批判を言うのか」と、冷静に分析できるようになったのじゃ。

そうなると、相手と自分を公平に眺められるようになる。すると時として、腹立たしい批判にさえ、それまで気づかなかった貴重な発見が見出せる。批判の九割九分までは聞く価値がなかったとしても、残りの一分《いちぶ》に学べる点があったりする。それが見えてくるというわけじゃ。

そうして、わしは七十歳を超えた。

七十歳になった時、わしは、自分の心が〝高く強いもの〟に成長していたことに、気づいた。何故なら、おのれの欲するままに、おのれの欲望のままに、何かを求め何かを為しても、それが決して「人の道」に外れることがなくなっていたからじゃ。

すなわち、おのれの欲望をすっかり解き放っても、それが、ほかの誰の不快にもつながらず、他人を少しも嫌がらせずに済むように、なっていたのじゃ。

人は誰しも、欲望がある。だが欲望を無制限に広げては、きっと誰かに迷惑を掛ける。誰かを悲しませる。だから人は、欲望を我慢する。その「他人のために我慢する気持ち」こそが「仁」に至る道へのスタートであり、人の心の〝美しさ〟じゃ。

ところがわしは、七十になってからは、我慢するつもりがなくても、やりたい放題にやっておるつもりでも、それでも誰にも悲しみを与えずに済むようになった。欲望そのものが小さくなったのか。欲望を抑える力が無意識に働くようになったのか。とにかく七十歳になった時、そんな境地に達せられたというわけじゃ。

わしは、そんな自分を発見した時、初めて「ああ。学問を終えられた」といった実感を持てた。志を遂げられた満足感が、我が胸に広がった。ただひたすら喜びに満ちた。

こうして、今のわしがある。振り返れば、長い道のりであった。

皆も、焦ることはない。

無論、この中にはわしなんかよりずっと優秀で、わしが七十でようやく達した境地に、もっと若くして至れる者も、おるじゃろう。その逆に、わしより時間の掛かる者も、おるやも知れぬ。だが、いずれにせよ同じ人間じゃ。そうそう大きく違うものでもない。わしが得られた人生の満足感は、皆も必ず得られるはずじゃ。

第三篇『八佾《はちいつ》』

天が与えたシステム

皆は、このような小さな島国に暮らす民《たみ》であるから、広大なる我が中国大陸がどのように治まっているものか、よく解っておらぬやも知れぬな。念のため、ここでの本題に入る前に、少し説明しておこう。解っておる者も、少し付き合って聞いておくれ。

わしの故国は「魯《ろ》」という国じゃ。

なんでも、今この時代では事情が違うようだがの。我が中国大陸はそもそも、偉大なる「天子」様があまねく大地を支配してくださるように、なっておる。

天子様というのはの、読んで字の如く、「人類の頂点に立って人類を導き、人の世を治める役割」を「天」から与えられた御方じゃ。だから、全ての人々が天子様を敬《うやま》い仰ぎ、その御方に従うことで、人の世は安定する。

世が安定してこそ、人は「仁《じん》」を志して精進できる。価値ある人生を送れる。

天子様のご身分は、代々そのご子孫へと伝えられていく。それが「王朝」じゃ。

そして、わしの生きた頃の中国大陸を統《す》べてくださっていたのが「周《しゅう》王朝」じゃ。

天子様は、広大なる大陸をより良く治めるため、大陸を幾つかの国にお分けになる。我が故国「魯」も、その一つというわけじゃ。

それぞれの国には、政《まつりごと》の責任者が置かれる。いわゆる〝国王様〟じゃな。これが「諸侯」じゃ。

さらに諸侯それぞれには、国政をサポートする重臣の「大夫《たいふ》」がおる。そして、大夫の手足となって民を直接まとめるのが、「士《し》」じゃ。

すなわち、人の世は「天子―諸侯―大夫―士―民」という具合に積み重なったシステムによって、平和に治まる。この身分の上下は「天」が人の世のために定めてくれたシステムじゃ。たとえるなら「人類全ての壮大なる親子関係」というわけじゃ。

民は士に従い、士は大夫に従い、大夫は諸侯に従い、諸侯は天子に従う。それでこそ、人類は真の平和を保ち続けられる。

ところが、じゃ。人は時として、大きな過ちを犯す。

従うべき「上の立場の方」に反発し、これをないがしろにし、暴力をもって踏みにじろうとするヤカラが、時折現れる。こうしたヤカラは、「礼《れい》」の意味を知らず、天の定めた〝平和のための身分制度〟を汚《けが》す。絶対に許されぬことじゃ。

何故、人はそんな過ちを犯すのか。私利私欲に目が眩《くら》んで「仁」を忘れるからじゃ。おのれの欲望を無反省に膨らませ、欲のために他人を悲しませるという〝もっとも人の道に外《はず》れたこと〟を、平然とやってしまうようになるからじゃ。

こうした許されぬ行為が、嘆かわしいことに、わしの故国では、よく見られた。故国は乱れておったのじゃ。

……で、ここからが本題なのじゃがの。

そんな中で、わしがもっとも怒りに打ち震《ふる》えた事件が、あった。

大夫の身分にあった「季孫《きそん》」という家が、あってな。あの頃の季孫家の当主は、たしか「意如《いじょ》」という名の者であった。コヤツが、亡き先祖を祭るためと称して、なんと屋敷の庭に、踊《おど》り子を六十四人集めて舞《まい》を舞わせたのじゃ。いわゆる「八佾《はちいつ》の舞」を、やりおったのじゃ。

踊り子を集めて舞を踊らせ、先祖の霊を慰める。それ自体は、「礼」にかなっておる。しかし、その踊り子の人数は「礼」によって、身分ごとに定められておる。八人の踊り子を八列に並べて、合計六十四人で舞わせるのが「八佾の舞」じゃ。

これは「礼」の正しい作法によれば、天子様にのみ許される規模なのじゃ。諸侯なら、三十六人の「六佾」。大夫なら、十六人の「四佾」。士なら、四人の「二佾」。これが「礼」の決まりじゃ。

ところが、季孫家の連中は、大夫でありながら恐れ多くも〝天子様の規模〟で、先祖供養の踊りをやりおった。カネの力で強引に、正しき「礼」を踏みにじりおったのじゃ。

こんな態度は、決して先祖の慰めにはならぬ。先祖のためを想って真心込めてやったことでは、断じてない。

ただ、おのれの権勢を誇示したい。おのれのカネの力を世間に見せつけたい。それだけじゃ。そのために天子様の御身分を汚し、その御心を悲しませ、「仁」を知る人々に不快な想いをさせた。なんと下品で醜い欲望の現れであろうか。

こんな悪行を見過ごして平気でいられるのなら、この世に「許せないこと」などなくなってしまうわ！　まさに、これだけは絶対に許せぬ。絶対に見過ごせぬ。わしはこの時、心底怒りがこみ上げたものじゃった。

親を敬い、先祖の霊を慰める。その「親や先祖への思いやり」を、きちんと形にしたのが「礼」じゃ。当然、その形には〝天子様を頂点とする人の世の壮大なる親子関係〟を大切にする意味も、込められておる。

この肝心の意味を全く理解せず、身分の枠を超えて、カネの力に任せて大げさな「礼」もどきの大騒ぎを起こす。これは、自分の財力や権力を鼻にかけて、世間へ自慢しただけに過ぎぬ。「他人への思いやり」といった「礼」の根幹から、もっとも遠く離れた不遜《ふそん》で下劣な行為なのじゃ。

コラム 孔子の生きた時代

孔子（紀元前五五一～前四七九）の生きた時代は、古代中国の転換期で、乱世でした。「春秋戦国時代《しゅんじゅうせんごく》」です。

中国人の伝統的世界観では、人の世は幾つかの国に分かれ、それぞれに支配者・国王がいるわけですが、さらに各国王の上に〝人類統合の支配者〟である「天子」が、います。早い話、神様と同じポジションです。この「天子」は、やはり一つの家柄として代々引き継がれるもので、言うまでもなく、その家柄をして「王朝」と呼ぶわけです。

孔子が生きたのは「周《しゅう》王朝」が建てられて六百年ほどの頃で、周王朝の末期に当たります。この頃、天子の力はすっかり廃《すた》れていて、各国は王朝をないがしろにし、それぞれ勝手に勢力争いをしていました。さらに各国の国内でも、大臣クラスの家柄が国王の家柄と争う始末で、まさに世界は、弱肉強食「下剋上《げこくじょう》」の世だったのです。

孔子は「魯《ろ》」の国の人です。そもそも「魯」は周王朝の一族が建てた国で、王朝と縁が深いのです。孔子は、そんな故国の歴史背景の影響もあって、当時としては〝時代遅れ〟なほど周王朝を深く敬《うやま》う人でした。

ですから、彼が〝人類普遍の絶対正義〟としてまとめた教えは、じつは、元々は、周王朝のスタート時に定められた〝社会制度〟がベースになっています。いわゆる「周の礼」です。儒教が、他の宗教と違って神秘性に乏しく、やたら現実的で処世訓クサいのは、こうしたわけです。

また、孔子が、宗教の開祖、あるいは思想家・学問の開祖としては似つかわしくないほど政治的野心を胸に秘めていたのも、こうした歴史的事情によります。当時の「魯」では、「孟孫《もうそん》氏・叔孫《しゅくそん》氏・季孫《きそん》氏」という大臣クラスの三つの家柄が、国の実権を握ってやりたい放題でした。孔子は、これを「周の礼」を乱す大悪行として何としても許せず、自らの政治手腕によって是正したかったのです。

一方、当時の中国では、そんな世の乱れに絶望して、「いっそのこと人間社会に背を向け、社会的成功など求めず、自給自足で悠々生きるのが本当の幸福なのだ」とする思想が、流行していました。これが「道家《どうか》」です。中国の伝説によく出てくる「仙人」は、この道家思想にゆかりの存在です。

で、道家から見ると、孔子の思想は真向《まっこう》から反するわけで、彼らは孔子とその学派を、ずいぶんと批判していました。『論語』の中にも、孔子を非難する道家の人物がたびたび登場します。これが、いわゆる「隠者」です。

第四篇『里《り》仁《じん》』

二種類の貧乏

カネが欲しい。地位が欲しい。人は誰だって、そうじゃ。この欲には、君子も愚か者も、差などない。人は誰しも、カネのため地位のために生きる。もちろん、わしだってカネが欲しかったし、地位が欲しかった。そのために生きた。

しかし、な。その次の段階として、君子と愚か者には大きな差があるのじゃ。君子は、カネや地位を得るために〝正しい努力〟をする。陰日向《かげひなた》なく、誰にも見られていない時でも、ひたすら真面目に働く。人々のため世のために尽くす。その成果の報酬としてもたらされるカネや地位を、大切にする。

だが愚か者は、カネや地位をラクして手に入れようとする。おベンチャラを使い、嘘偽《いつわ》りを用いて自分の評判を上げようとしたり、バクチで大金をつかもうとしたり、する。

君子は、正しい努力なしでカネや地位が手に入るようだったら、むしろ、そんなチャンスは切り捨てる。もし、そんなインチキなやり方でカネや地位が転がり込んでくるとしても、決してそれを受け取らない。つまり「結果オーライ」などといったセリフは、君子なら決して口にせぬのじゃ。

その逆もまた然《しか》り、じゃ。

人は誰だって、貧乏は嫌じゃ。低い身分に甘んじていたくない。貧しさを喜ぶ者など、いるわけがない。この点、君子にも愚か者にも違いはない。

貧しい者は何故、貧しいのか。真面目に働かないからじゃ。怠けるからじゃ。だから働きに応じたカネが手に入らず、貧しくなるのじゃ。これが当然の理屈じゃ。したがって貧乏とは本来、おのれの怠惰《たいだ》の結果であり、恥ずかしいことなのじゃ。と、いうことは、じゃな。日々頑張って真面目に働いているのに貧しさから抜け出せないとしたら、それは「怠惰の結果の貧乏」ではない。すなわち「当然の貧乏」あるいは「恥ずかしい貧乏」では、決してない。

世の中には時として、そうした「理不尽な貧乏」に見舞われることがある。と言うより、そんな不遇が少なくなかろう。当人は正しく努力して生きているのに、悪しき隣人に貶《おとし》められたり、無理矢理な暴力に押さえつけられたり、不運が重なったり……。そんな理不尽な結果もたらされる貧乏じゃ。

そういう貧乏には、恥じる必要はない。君子は、このことを知っている。愚か者は、これを知らぬ。

貧しさや身分の低さに自分が陥っている時、それが、自分のナマケ心から生じた「当然の結果」なのか。そうではない「理不尽な運命」なのか。この「二種類の貧乏」の違いを見極められるかどうか。ここが、君子と愚か者の差じゃ。

だから、ナマケていないのに貧乏なら、君子はそれを恥じぬ。むしろ、そんな貧乏だったら「堂々と受け入れてやる」と、胸を張って生きる。

しかし、愚か者は「貧乏は何でもカンでも恥ずかしい」と思い込んでおる。だから、理不尽な貧乏にも恥じ入ってしまう。そして、必要以上に卑屈になってウジウジする。そうでなければ「要《い》らぬ恥ずかしさ」にいたたまれなくなって逆上し、狂犬のように周りに噛みついてくる。とどの詰まりは、自分で自分をダメにしてしまい、周りの人まで悲しみに巻き込んでしまう。

要するに、じゃ。

どんな境遇にあっても、どんな不運に見舞われても、そんな周りの状況に振り回されない。心惑わされない。ただ、ひたすら正しい道を貫く。ひたすら「仁《じん》」を心掛けて生きる。

――と、これが君子というわけじゃ。どれだけカネがあろうが地位が高かろうが、「仁」を忘れたなら、どうして「君子」と呼べようか。

君子は、いついかなる時も、君子なのじゃ。ご飯を口に運んでおる時でも「仁」を忘れぬ。どんな意外なアクシデントに見舞われても、「仁」から離れて慌《あわ》てふためくなんて態度は、決して見せない。

そして、な。人生につまずき倒れ、力尽きたとしても、本当の君子ならば、必ず最後の最後まで「仁」に生きて、そんな自分を誇るのじゃ。不運から貧しいまま生涯を終えたとしても、恥ずかしさや後悔などカケラも持たぬのじゃ。

「私は『仁』を貫いた。だから、貧しいまま死んでも悔いはない」と、な。そんなセリフをキッパリ言い切って死ねるのが、君子というものじゃよ。

満足の人生とは

「人生を納得して終わらせる」には、どうすべきか。皆は、考えてみたことあるかの。「ああ。これで悔いはない」と満足して死んでいくには、どうすればよいか、とな。

何かの仕事を成し遂げて、それを後世に残せれば、よいのかの。それとも、子孫の繁栄を我が目で見届けられれば、納得の最期《さいご》となるかの。あるいは、おのれの遺志を継いでくれる者に看取《みと》られれば、安心して死ねるかの。

それとも、じゃ。何もせずとも何も残さずとも、ただ日々をつつがなく生きていって、冬になれば草木が枯れる如く自然のままに死んでいく。それだけで〝十分満足の人生〟と呼べるかも知れぬ。

人それぞれ、色々な考えがあるじゃろう。

わしの場合は、な。人生の最後の最後になって、一つの境地に達した。

何も残せずともよい、と思えるようになった。

ただ一つ。「人の道」とは何か。すなわち「仁」とは何か。それを、理屈だけではない、心の奥底から「そうか！　解った！」と叫べるほどにすっかり理解できれば……。ほんの一カケラの迷いもなく「人の正しきあり方」を知り尽くせれば……。それでわしの人生は十分じゃと、思えるようになった。

もし、ある日の朝「人の道」の何たるかを解ったならば、その日の夕暮れに死んでも構わぬ。日没とともに人生の幕引きをしても、「ああ。この世に生きた甲斐があった」と言える。

――と、そんな境地にな。

この境地こそ、わしの人生の幕切れじゃったよ。

人を羨んでも意味がない

人とは、比べたがるものじゃ。我が身と他人をアレコレ比べて、自分のほうが優れているの劣っているの、相手のほうが強いの弱いの——と、自分と他人に上下をつけたがる。

それはそれでよい。悪いことではない。と、わしは思う。他人に全く無関心な態度は、人としてむしろ不自然じゃ。人は、人の中で生きるものなのじゃから。

ただ、そこで、相手が自分より優秀だと見出した時に、僻《ひが》みや羨《うらや》みだけで終わっては、いかん。「チクショウ！　負けた！　口惜《くちお》しや！」などと、心にさざ波を立ててはいかん。

逆に、相手が自分より劣っていると解った時、蔑《さげす》みや哀《あわ》れみだけで終わっては、いかん。「ヘン！　バカな奴だ」などと見下しては、いかん。

そんな態度を取る者は、必ず醜い表情をしておるぞ。鏡をのぞいたら、あまりに嫌な顔をしている自分に気づいて愕然《がくぜん》とするぞ。

優れた人を見たなら、自分もその人に近づこうと決意せよ。劣った人を見たなら、じつは自分もその人とたいして変わらないのではないか……と、あらためて我が身を振り返り、自分を見直せ。この姿勢が、おのれを「仁」に一歩ずつ近づける。

この姿勢なくば、人と自分を比べることに意味がない。不毛な優越感と劣等感は、人の心を邪悪にしかせぬ。

わしもこの点、よくよく自らを戒《いまし》めてきたものよ。

「孝」とは親への思いやり

「仁」とは、人の正しき道。それはとどの詰まり、他人への思いやりじゃ。そして人にとって「もっとも身近な他人」とは、両親じゃ。だから、親は大切にせねばならぬ。親への「孝《こう》」を常に胸に刻《きざ》んでおらねばならぬ。

親への「孝」の第一歩。それは、な。親の年齢を知っておく、ということじゃ。

親の年齢を知っておくことで、二つの「孝」の思いが、心に宿る。

まず一つには、「ああ。この歳まで生きてくれている」と、親の人生の長きを喜べる。

もう一つには、「ああ。残っている寿命は、きっとこのぐらいだろう」と、親の生命尽きる時期を想像し、心配してあげられる。

親の生命について、リアルに考えられる。その思いが、自然と「親を大切にしたい」といった「孝」に結びつく。

両親の年齢は、だからきちんと覚えておくことじゃ。全ての「孝」は、ここから始まる。

君子とは行動するものである

わしは、こうして皆の前で色々と語らせてもらっているが、語りながら我が胸に戒めていることが、一つある。

それは、「自分で自分のしゃべりに〝酔わないように〟する」という自戒じゃ。しゃべっているうちに「自分の口のうまさ」に酔ってベラベラと調子に乗り過ぎることがないように――と、そんなことを気をつけているつもりじゃ。

話を他人に聞いてもらえるのは、楽しい。その楽しさを得んとして、より多くの人に耳を傾けてもらおうと自分の話を工夫する。少しでも楽しく解り易く、とな。本当のおしゃべり好きは、そうした努力をする。わしも、そんな人間の一人じゃろうて。

だが、実際に多くの人に話を聞いてもらえた時でも、そこで満足して終わってしまっては「君子」ではない。

君子とは〝行動するもの〟なのじゃ。「口先のうまさ」と「行動の素早さ」。どちらか一つしか得られんとするなら、君子は迷わず後者を選ぶ。たとえ口ベタであっても実行力さえあれば、その人は君子たり得る。

言葉は、とても大切じゃ。だが、言葉だけで終わっては、人を幸せにできぬし、人を導けぬ。この点、よくよく胸に刻んでおかねばならぬ。

「徳」は孤立しない

真面目に生きる。他人への思いやりを忘れず生きる。仕事を、カネ儲けだけを目的にせず、人々の喜びのために為す。

こうした日々を重ねるのが「徳を積む」ということじゃ。人の道、「仁」に至る道じゃ。

そうやって「徳」に生きる日々は、大変そうに見えて、じつは結構楽しいものなのじゃぞ。本当の話じゃ。

何故なら、「徳」は決して孤立せぬ。日々「徳」を積む人の周りには、きっとその人を慕い、敬い、あるいは優しく包み込んでくれる仲間が、必ず寄ってきてくれる。集まってきてくれる。

たくさんか少数か、それは解らぬ。だが人数など問題ではない。「ああ。心から結ばれている」と実感できる同志が、きっと現れるのじゃ。

つまり、な。「徳」を積んでいけば孤独にならず、寂しくならない。だから、楽しいというわけじゃ。

どんな遊興も、一人では楽しくない。どんな仕事も、同志とともに努めるなら楽しみを感じられる。そうしたものじゃ。

第五篇『公《こう》冶《や》長《ちょう》』

人生設計をはっきり定める心掛け

このへんで、わしの弟子たちのことを、少し話させてもらおうかの。

漆雕開《しっちょうかい》という弟子が、おっての。学問に熱心な男であった。それに、色々と器用で人付き合いもうまく、才能のある男じゃった。

わしが、故国の「魯《ろ》」で、それなりの地位に就《つ》いていた頃じゃ。わしの責任で雇うポストに、一つ空きができた。これが、わりと良い仕官先での。誰か優秀な者に就けさせたいと思って、それで漆雕開に、この仕官口を勧めてみた。

「どうじゃ。わしの下で働いてくれんか。おぬしなら難なくこなせる仕事じゃし、給料もなかなか良いぞ」とな。

すると漆雕開は、こう答えたよ。

「先生。たいへんありがたいお誘いですが、お断りします。私は、まだ〝仕官してもよい人間〃として自信がありませんので」とな。

わしは、これを聞いて喜んだよ。

わしが見込んだ男じゃ。漆雕開に、その仕事がこなせぬわけはない。それは当人も、自覚しておったはずじゃ。彼はおのれの才能には、確かに自信を持っておった。

それでも「自信がない」と言った。

何に自信がなかったのか。それは「学問をすっかり終えて『仁《じん》』に至ったこと」に、自信がなかったのじゃ。

仕官すれば、どうしたって今より学ぶ時間が減る。それだけ「仁」に至るのが、先に延びてしまう。彼は、それを厭《いと》うた。

仕官するなら、まず人の道を窮《きわ》め「仁」に至ってからだ。仕官は、十分に納得できるまで学問を修めてからだ。

――と、彼はおのれの〝人生設計〃を、はっきりと定めておったのよ。じつに立派な心掛けであった。

もちろん、働かねば食っていけん。仕事より学問を優先できる恵まれた立場は、誰にも与えられるものではない。この意味で漆雕開は、恵まれておった。

だがいずれにしろ、この心掛けは讃《たた》えるに価《あたい》する。人は誰だって、「現実に学ぶ余裕」があるかどうかは別にして、気持ちのうえだけでも「学問への志」は、いつも持っていたいものじゃからの。

思わずこぼしたグチ

皆の中には、すでにご承知の者もおるかも知れぬがの。わしは、五十六歳の年に故国の「魯」を離れて、放浪の旅に出た。弟子たちと連れだっての旅であったが、結局、十四年間もアチラコチラを放浪したのじゃ。

そんな辛《つら》い日々であったが、それでもわしは、ヘコタレまいと、頑張った。広大な中国大陸のさまざまな国をめぐって、わしなりに信ずる「人の道」を説いてまわったものじゃ。

だが、やはりそうそう思いどおりにはいかん。わしの話に全く耳を傾けてくれぬ国も、少なくなくての。マァ、わしの至らぬせいであるが、旅の途中、さすがに少しヘコんだこともあったよ。

そんな頃じゃ。同行の弟子たちに、思わずグチをこぼしてしまった。

「ああ。いくら『人の道』を説いても無駄な気がするのォ。この中国大陸には、もはや『人の道』の実現は期待できぬ。

どうせ命の保障もない旅じゃ。いっそのこと中国大陸を捨てるか。イカダを作って海に出て、どこか未知の野蛮国にでも行ってやろうか」とな。

この時皆が寂しそうに、わしの顔を見たよ。わしはハッとした。弟子たちに寂しい思いをさせてしまって、わしはすぐにグチったことを後悔した。

ところが、あの例の子路《しろ》だけが、妙に目を輝かせておってな。口元さえ嬉しそうに緩《ゆる》んで、ジッとわしを見つめておった。

無論、イカダの旅などたわいのない冗談じゃ。いくら何でも中国大陸を捨てるなんて、本気で考えたわけではない。しかし、子路がワクワクして次の言葉を待ちかまえているのが、見て取れたでの。わしもつい軽率に、話を継いでやった。

「マァ、いざそうなったら大冒険じゃ。そこまでついてきてくれる者は、この中でも子路くらいじゃろうのォ」

すると、子路がやおら立ち上がっての。じつに嬉しそうに声を弾《はず》ませて、こう言うのよ。

「ハイ！　それは、もう絶対です。先生とご一緒なら、どんな冒険も大歓迎です！　この子路、そこまで先生に目をかけていただき、大感激ですよ！」となっ

いやァ。この時は、わしも〝引いた〟な。素直過ぎると言うか何と言うか……。身も蓋もなく言ってしまえば、この頃の子路は「地に足が着いていない」男じゃった。

結構、歳を重ねた〝弟子の中の重鎮〟なんじゃがのォ。人間性というのは歳で変わるものでもない。

わしは、なだめるようにして、こう答えてやったよ。

「由《ゆう》よ。おぬしの行動力は、本当に素晴らしい。わしも見習いたいものじゃ。だがのォ、おぬしには行動力があっても、肝心の〝イカダの材料を調達する術《すべ》〟がなかろう」とな。

子路は一瞬キョトンとしたが、わしの言わんとするところを察して、また座り込むと、ちょっと気まずい顔をしとったよ。周りの者たちも苦笑するだけであった。

わしと子路のこんな〝恥をさらす思い出話〟をあえて皆にしたのには、訳がある。人が志を述べる時は常に現実の行動をアタマに置かねばならぬ。

――と、それをあらためて皆に知ってもらいたいからじゃ。

初めから「実行は無理」と解るような志や主張なら、いかに立派な言葉で飾っても、滑稽でしかない。初めから笑い話で済ますつもりならまだしも、そうでないなら、口にせぬことじゃ。わしもこの時は、あとで大いに反省したよ。

それぞれの理想を目指して努める

わしの弟子には、それぞれに美点があってな。わしも彼らから学ぶことが、大いにあった。

そうそう……。子路の話を、もう一つここでしておこうかの。

いつであったかのォ。子路と、あと一人、顔回《がんかい》という弟子がわしの傍《かたわ》らにおって、三人で気軽なおしゃべりをしたことが、ある。

顔回は、わしと親子ほども歳の離れた若い弟子での。たしか、わしより三十歳年下であったかの。だから子路から見ても、二十以上離れておった。

何の話題であったかな。話の途中で、わしが二人にたずねた。

「おぬしらは、具体的にどんな人間になりたいのかの？　ちょっとここで、自分の理想像を披露してみてくれんか」

案の定、子路が得意気に、すぐ返事をした。

「はい。私は、馬車や馬や、それに衣服でも、おのれの所有物を心通わせる友と共有して使って、そのために物が早く傷んでしまっても全く気にしない。そんな人間になりたいです」

ユニークな答じゃ。それに、じつに深くて温《あたた》かい答じゃ。

実際、子路は友だちを大切にする男であった。彼の友情には、損得勘定がなかった。友と付き合って、損も得もなく全ての結果を受け入れる。そんな男であった。

次に、顔回が少しはにかむようにして、こう答えた。

「私は、手柄を立てても自慢せず、面倒な仕事は他人に押し付けない。そんな態度を当たり前に取れる人間に、なりたいです」

これも、若者の純粋さをよく表した美しい答じゃ。

どんな良い仕事を為しても、それが〝他人の目〟を第一に意識して「誇りたい、誉《ほ》められたい」の気持ちが前面に出てしまっては、嘆かわしい。結局は、私利私欲でしかなくなってしまう。他人への思いやりがかすんでしまって「仁」から離れてしまう。顔回は、そこがよく解っておった。

次に子路が、わしに聞いてきた。

「先生はいかがです。よろしければ先生の理想像を、お聞かせください」

わしは、こう答えた。

「うん、わしか。わしはな、歳老いた方々には安心して頼っていただけて、同輩の者からは信用されて、若い者からは慕ってもらえる。そんな人間になりたいと、常々思っておるよ」

皆も解ってくれるじゃろう。これが、わしの目指す「仁」の道じゃ。この世のあらゆる上下関係にあって、すべからく温かさと優しさを示せる人間。それが、わしの究極の理想というわけじゃ。

わしらは三人して互いにうなずき合い、それぞれに理想を目指して努めようと、あらためて誓った。

こんなふうに弟子たちと語らうことが、わしは大好きなのじゃよ。

第六篇『雍也《ようや》』

顔回の偉いところ

今更ながら振り返ると、わしは長命であったよ。七十四まで生きた。あの時代に、そこまで生きる者は希《まれ》であった。

だが、ことさらそれを誇る気は、ない。長命はおのれの手柄ではない。寿命は「天」が与えてくれたものだと言う者も、おる。わしも、あるいはそうであろうかと思う。……が、確信は持てぬ。

わしは、おのれが長命であっただけに、親しき人が先だっていくのを、幾たびも見送った。そのたびに悲しみに打ちひしがれた。その慟哭《どうこく》の中で「寿命は『天』が定めたものだ。仕方がない」と、無理にでも、そう思おうとした。そう思わないことには、とてもあきらめ切れんかった。

先ほど、若い弟子の顔回《がんかい》のことを少し話したな。この者は、本当に偉い男じゃった。なのに、わしよりずっと早くに死んでしまった。三十一で死んでしまったのじゃ。

顔回の偉いところは、な。なにしろ学問に純粋だったところじゃ。

まだ若かったからの。学問を終えて「仁《じん》」に至るまでには、道のりがあった。顔回は、そんな自分をよく自覚しておった。「仁」を目指して日々ひたすら学んでおった。

だから貧しかった。仕事も生活も犠牲にして、一日の大半を学問に費やしていたからの。

暮らしぶりは、本当に命をつなぐギリギリのレベルであった。食事といえば、せいぜい小さな竹の弁当箱一ぱいのメシと、小さなお椀一ぱいの汁。それだけじゃ。住む所もひどかった。狭苦しい路地裏に粗末な小屋を建てて、そこで雨露をしのぐだけじゃった。

あそこまで貧しいと、ふつうの人間なら、まず耐えられん。とても笑って済ませられるレベルの貧しさではなかった。

ところが、顔回は平気なのじゃ。日々楽しそうなのじゃ。顔回は言った。

「貧しさは、楽しくありません。辛《つら》いです。でも、学ぶことが楽しいのです」とな。

人は楽しさを求める。喜びを求める。当然じゃ。苦しみを好み求めるなど、ありえぬ。

だが、ここで肝心なのが「その人にとっての〝一番の楽しみ〟とは何か」という点じゃ。どんな楽しみを選ぶのか。その選択によって、人の価値は決まる。怠惰《たいだ》や享楽に耽《ふけ》ることを第一に求める者は、決して「仁」に至れぬ。

顔回にとっては、学問が一番の楽しみであった。「学ばねばならない」から学ぶのではなく「学びたい」から学ぶ。そんな男であった。「仁」を知り「君子」となることを〝喜び〟と感じられる男であった。

そこが何より偉かった。

早く死んでしまったのは、つくづく惜しい男であったよ。

人の寿命は解らない

伯牛《はくぎゅう》という名の弟子が、おってな。「徳《とく》」の厚い立派な男であった。この者も、わしより先に旅だってしまった。

皮膚が冒《おか》される不治の病でな。今でも忘れぬ。伯牛の命がいよいよ尽きようという頃、わしは彼の家を見舞った。

病人は北の部屋にて養生させるのが、昔からの習わしじゃ。しかし伯牛は、南向きに窓を開けた部屋に床をしつらえて寝ておった。

あるいは、師であるわしが病室を訪れると聞き及び、伯牛の家族がわしに気遣ってくれたのかも知れぬ。「主君は南に面した席に着く」のが「礼《れい》」であるからの。しかし、わしは伯牛の師ではあっても、主君ではない。そのような「礼」はかえって心苦しい。わしは、あえて病室には入らなんだ。

それが伯牛の願いだと、知っておったからじゃ。

伯牛は、病ですっかり痩《や》せさらばえて汚れてしまった我が身を、わしに見せたくなかったのじゃ。だからわしは、外から窓に向かって伯牛に声をかけた。

「伯牛よ。嫌なのを無理に顔を出さずともよい。だが、どうか手だけでも、窓から差し出しておくれ」

すっかり痩せ細った腕が、無言のまま窓から突き出された。わしは思わず駆け寄ると、その手を握りしめたよ。骨と、ただれた皮だけの冷たい感触が伝わってきた。わしは涙がとまらんかった。

「ああ。これも運命なのか。何故、おぬしのような良き男が、こんな運命を背負わねばならぬのか！　おぬしのような立派な者が、何故……！」

――となそう叫ぶことしか、わしにはできんかった。

人の寿命は解らぬ。本当に「天」の定めなのか。そうならば、「天」はどんな理由をして人の寿命を定めるのか。

今もっても、解らぬよ。

本通りを歩く男

少し湿っぽくなってしまったのォ。話題の雰囲気を変えよう。

わしの弟子たちの中には、わしなどよりずっと立派に、仕官して国のために尽くした者も、たくさんおる。

前にも一度名前を出したが、子游《しゆう》という弟子がおっての。その才覚が認められて、故国の「武城《ぶじょう》」という町の町長になった。

政《まつりごと》に大切なのは、人材じゃ。どれほど法が細かく定められておろうと、どれほど組織の体裁《ていさい》が整っていようと、公務に携《たずさ》わる人間の心根がちゃんとできあがっておらねば、小さな町一つもマトモに治まらぬ。

この点、子游は申し分のない町長であった。だが政は、誰であれ〝独裁者〟になってはいかん。良き長《おさ》と良き配下たち。良きチームワークで為すものじゃ。そこでわしは、子游に問うた。

「おぬしの協力者にふさわしい部下は、見つけられたか」と。

子游は答えた。

「はい。澹台滅明《たんだいめつめい》という名の男です」

「どんな人物じゃ」

「彼は、どこへ出かけるにも大きな〝本通り〟を歩きます。決して裏通りの〝抜け道〟を通りません。それに仕事の用件以外では、決して私の町長室に寄りつきません。そんな男です」

わしは大いに納得した。

「裏通りの抜け道を通らず」とは、すなわち「常に自分の姿を広く世間に示す」という意味じゃ。「町長室に寄りつかず」とは、すなわち「上役に個人的に近づいてオベッカを使ったりは、決してせぬ」ということじゃ。

要するに、常に公明正大であろうと努める。この姿勢こそ、政に当たる者に絶対必要なスタンスじゃ。それだけの人物を見出した子游の「人を見抜く目」に、わしは、あらためて感心したものじゃ。

才の足らないことは、恥ではない

ああ、そうそう。冉求《ぜんきゅう》という名の弟子がおっての。この者も、政治手腕に長《た》けた男であった。

実際、たいした高い地位に就いておってな。当人も政には熱心であった。なにしろ、故国「魯《ろ》」にあって「大夫《たいふ》」の家の家老を任されていた男じゃからの。ところが、な。どうも少し学問には消極的であった。はっきり言ってしまうと、政には熱心でも、学ぶ態度に真剣さが足りなかった。わしは、師として不満であったよ。

いや。わしの気持ちをもっと正しく説明せねば、ならぬな。わしが一番不満だったのは、冉求に真剣さが足りなかったことではない。

それよりも、当人が「おのれの不熱心さ」を自覚していながら、あらためるより先に、自己弁護に終始していた点じゃ。「学ぶ努力をしない自分」を、口先で正当化しようとする態度じゃ。

自分は仕事がヘタで手間取ってしまうから、学ぶ時間が取れない。それに、自分には学問の才能がない。だから学問が進まぬのは仕方ないのです。

――と、わしの顔さえ見れば、そんな言い訳ばかりする。ちょっと聞くと謙虚なようであるがの。決してそうではない。

冉求は、よくこんなことを言うておったよ。

「先生の『人の道』のご教授、私とてありがたくないわけがありません。ですが、私がお教えを守れぬのは、ひとえに、私に『学問の才』が欠けておるからです。やりたくてもできぬのです。私とて情けないのです」とな。

わしは、こう説いてやったよ。

「求よ。『自分には才能がない』というセリフはな、ギリギリまで精いっぱい努力して苦労して、それで『ああ。自分はここまでか』と、おのれの力の限界を痛感した者にのみ、口にするのが許されるものじゃ。

だが、おぬしは限界に挑みもせぬうちに、おのれに見切りをつけてしまっておる。

初めから『自分はできない』と決めつけるのは、ラクな話じゃ。それで、堂々とナマケられるからの。しかし、そんな態度は、おのれにも他人にも誠実ではない。そのくらいのことは、おぬしなら解るはずじゃろう」

冉求は、焦ったように口を開きかけて、まだ何か言いたそうじゃったがの。結局は黙ったままであった。決して愚かな男ではない。おのれの〝本当に恥ずべきこと〟に気づいたのじゃろう。

人が「天」から与えられる才能は、種類も程度もマチマチじゃ。才のないこと、才の足らぬことは、運命であって恥ではない。

だが、努力を怠《おこた》り、それを「おのれの才不足のせいだ」とばかり言い訳するのは、自分で自分をごまかし、偽《いつわ》っておるに過ぎぬ。

自分の性格をコントロールする

「才能」というのは、元々生まれもっているものじゃ。その意味では「人柄・性格」といったものも同じじゃな。

才能は、磨かねば花開かない。磨く努力をせぬことには、発揮される前に朽ち果ててしまう。この世には、せっかくの才能を眠らせたままで生涯を終える人も、おる。当人にとっても世にとっても、惜しい話じゃ。

それでな。「磨かねばならない」という点では、じつは「人柄・性格」も同じことなのじゃ。ここのところは、意外と勘違いしている人が多い。「人柄や性格なんて変わらない。生まれついたまま一生同じだ」と思っておる人が、多い。勘違いじゃ。

優しさ、純粋さ、勇敢さ、明るさ——と、性格には、その人の美点となる要素も多々ある。だがな、一人前になってもそれらを〝子供の頃と変わらず無反省に発揮するだけ〟では、「文明人」とは呼べぬ。たとえるなら、「メシくれ」といった具合に片言《かたこと》でしゃべる「野人」のようなものじゃ。

おのれの性格をコントロールし、社会の秩序を乱さぬよう節度を守って、その美点を発揮する。この意識が大事じゃ。

もっとも、このコントロールも、やり過ぎてはいかん。

「性格を磨き過ぎる」とでも言うのかの。おのれの人柄を世間に見せつけたがって、言動をことさら〝わざとらしく〟示す者が、おる。

他人の不幸を大げさに心配して見せたり、虚勢を張ってわざと危険に挑んだり……。おのれの優しさや勇敢さをアピールしたいのじゃろう。が、それは結局、自己顕示欲に過ぎぬ。他人の心には何も響かぬ。

自己顕示欲は、本当の「他人への思いやり」には、つながらぬでの。見た目ばかり大げさに芝居じみて、中身がともなわぬ。つまりは「仁」に遠いものじゃ。たとえるなら、型どおりの美《び》辞《じ》麗《れい》句《く》を並べ立てただけの〝通り一遍の社交辞令〟の文章みたいなものじゃ。そんなもの、誰もありがたがらぬであろう。

良き性格。良き人柄。それを、良き節度をもって、程よく発揮する。このバランスが保ててこそ、おのれの言動が周りの人々の役に立つ。

この〝サジ加減〟を知ることが、言ってみれば「礼」をわきまえることであり、「君子」となる道なのじゃ。

第七篇『述而《じゅつじ》』

偉大な先輩たちに近づきたい

人には、「物事を初めて為す人」と「過去に為された事業を受け継いで後世まで伝える人」。この二種類があると、わしは考える。

わしは、おのれを後者タイプだと思っておる。わしの信ずる「人の道」は決して、わしが一から考えて創作したものではない。わしは、そんな真似ができるほどの天才ではない。

わしはただ、遠き古《いにしえ》の聖なる御方が説いてくださった「人の道」を、正しく受け継ぎ、この世に広めるべく努めてきたに、過ぎぬ。わしの使命は、そこにあると思っておる。

無論、過去においても、この使命を帯びて、それを立派に果たされた方々がいた。たとえば、古代王朝「殷《いん》」で「大夫《たいふ》」をお務めだった「老彭《ろうほう》」なる御方などが、そうじゃ。わしは、こうした〝偉大な先輩たち〟に、ひそかに自分を重ね合わせ、少しでも近づきたいと、生涯願い続けたのじゃ。

身体が老いれば、心も衰える

わしの信じる「人の道」を説いてくださった〝古の聖なる御方〟とは、我が故国「魯《ろ》」の創始者でもあらせられる「周公《しゅうこう》」じゃ。

わしの生まれるより五百年ほど昔の御方じゃ。この御方は「魯」の国をお創りになるにあたって、あらゆる「礼《れい》」をお決めになった。

いわば「人の道」の〝生みの親〟であり、全人類を「人の道」に導かれた御方。「天」の代弁者。「天」と「人の世」を結んでくださった御方じゃ。

わしの人生は、寝ても覚《さ》めても周公への敬《うやま》いを忘れず、この周公の為された〝大事業〟を後世に伝える。そのためにあった。

だがのォ、正直に白状するが、そんなわしが晩年になると、眠っている時に周公の夢を見なくなってしまった。我ながら、これに気づいた時ほど〝衰えというもの〟を痛感したことはなかったよ。「ああ、歳を取ったんだなァ」と、つくづく感じた。

マァ、人は生き物じゃ。身体は、必ず老い衰える。人のアタマも心もまた、身体あってのもの。身体が老いれば、アタマも老い、心も衰える。その現実に、怨みツラミをぶつけたところで始まらぬ。

だから、じゃ。わしは弟子たちを育てた。わし一人が滅んでも、わしの志を未来に残すために。わしの志を、若い者たちに託したのじゃ。

それが、わしの〝できること〟にして〝やりたいこと〟であった。

教育とは教師と教え子の共同作業

わしは「教える」ということが好きじゃ。

おのれがこれまでに学び、培《つちか》ってきたものを、弟子たちに教え、伝えてやる。それによって彼らの知性が磨かれ、心が育ち、彼らが「人の道」を知る立派な者となってくれる。

――と、そんな〝成果の手ごたえ〟を得られた時、弟子たちの成長を目の当《ま》たりにした時、わしは無上の喜びを感じる。これこそ、我が人生の幸せ。「教師冥利《みょうり》」に尽きる。

だが、な。ここで思い違いしてもらっては、困る。わしは、誰彼構わず教えてやりたいわけではない。「教えたい」と感じられる弟子。「教え甲斐がある」と認められる弟子。そうした弟子にしか教育を施《ほどこ》す気は、はっきり言って、サラサラない。

では、どんな弟子に教えたいのか。一にも二にも「本気で学びたい」と強く願っている弟子じゃ。

「人の道」が解りそうで解らず、思うように学問できない。それが苦しくて仕方がない。「学びたい、解りたい」と、イライラする。身悶《みもだ》えするほどに、学問への情熱に駆られている。

――と、そこまでの熱意がなければ、わしは教えの手を差し伸べぬ。

さらに、「人の道」が漠然と解っても、それを「自分の言葉」でうまく表せない。解ったことをまとめたくても、上手にまとめられない。それがもどかしく、モヤモヤした気分で胸が張り裂けそうになる。

――と、そこまで学問の辛《つら》さを味わっていなければ、わしはアドバイスをしてやらぬ。

そして、たとえば「四角形の一つの角」について説明してやると、ならば「残りの三つの角」がどうなっているか、自ら悩んで考えて、自分の意見を述べてくる。

――と、そのくらいのリアクションを示す積極性がなければ、わしは教え続けてやらぬ。すなわち、「自ら考えもせず調べもせず、ただ問うてくるだけ」といった〝甘ったれた態度〟の者では、より深い教育を施す気にならぬ。

教育とはな、教師と教え子の共同作業なのじゃ。教え子は「何もせんでボーッとしておっても、教師から教えてもらえる」などと甘えては、いかん。そんな者に教育を受ける資格は、ない。

もちろん、皆はこの点、解ってくれているであろう。だからわしも、こうして頑張って話をさせてもらっておる。

長所を生かす際の注意

そう言えば、顔回《がんかい》や子路《しろ》とこんな会話をしたことも、あったのォ。

「君子」は、他人に尽くさねばならぬ。すなわち「君子」を目指すならば、国に用いられ、民のために働く場を得なければならぬ。……と、相も変わらず、そんな話を三人でしておった時じゃ。

「だが、現実は厳しいのォ。こちらがいかに働き場を望んでも、わしのこの思いを汲み取ってくれる高貴な御方と、出会えんことにはのォ……」

と、わしは、そんなグチをちょっとこぼした。実際、わしは生涯、仕官で苦労したからの。マァ、これも、わしの至らぬせいじゃ。

これを聞いて二人が、少し顔をくもらせた。わしも「シマった」と思ったでの。すぐに言葉を続けた。

「それでも気持ちは常に前向きじゃ。

わしを仕官させてくれる国があれば、いつでもその招きに応じて粉骨砕身、大いに働く。そして、残念ながら我が志通じず、仕官先をクビになってしまうなら、それはそれで潔《いさぎよ》く身を引く。グズグズと保身に努めたりはせぬ。すぐに、また別の仕官先を目指す。

この覚悟あってこそ、人は良き働き場を得られると、わしは思う」

ここで顔回が、じつに熱い目をわしに投げかけた。わしは、さらに言葉を継いだ。

「だが、ここまでスッパリと割り切れる者は、世の中に少なかろう。仕事にはカネだの地位だの〝おのれの損得勘定〟を、どうしたって優先しがちじゃからの。わしの他に、わしの周りでこの覚悟の持てるのは、回よ、おぬしくらいじゃろうのォ」

と、わしは顔回に笑いかけた。顔回は照れくさそうに、小さくうなずいた。

先ほども皆に話したとおり、顔回は学問にトコトン純粋な若者じゃ。将来、仕官についても同じく純粋じゃろうと、わしは期待しておったでな。

ところが、この言葉を聞いてな。子路が急にムッとしよった。自分の名がわしの口から出てこなかったので、面白くなかったらしい。

二十歳以上も年下の顔回と張り合うのも、オトナ気ないと思うがの。マァ、こうしたところが子路らしさじゃ。

とは言え、子路もまた愚か者ではない。顔回の純粋さも、おのれがその点でかなわぬ事実も、ちゃんと了解しておる。そこで子路は、急に話題を変えてきよった。

「ところで、先生。仕官には軍務もございます。戦《いくさ》に出て国のため民のために戦うのもまた、『仁《じん》』の道でございましょう」

「うむ。それは、もちろんそうじゃ。戦にて『仁』を示すとは、兵に無駄な犠牲を強《し》いず、敵兵もまた無益に殺さず、国内の民への負担を少なくし、それで勝利を収める。その工夫が肝要じゃ」

「おっしゃるとおりです！　そこで先生。先生が、大軍を率いて戦の指揮を執るとなったら、いかがでしょう。どの者を副官としてお側《そば》に置くのでしょう」

この時子路の目は、子供みたいにキラキラしておったよ。思わず笑ってしまいそうになるくらいにな。当然、自分の名が出ると思っておったのじゃろうな。

確かに、子路は、行動力と勇敢さにおいて並ぶ者のない勇者じゃ。実際、軍の幹部として用いられ、立派に務めを果たした経験もある。顔回もこの点は、まるでかなわぬ。子路のオッチョコチョイぶりも、ある意味「勇敢さの裏返し」と言ってやれる。

しかし、な。この時の子路の態度は、いただけん。

顔回に張り合う気持ち。師であるわしに「誉《ほ》めてもらいたい、認めてもらいたい」と願う気持ち。こればかりが出過ぎておる。他人に尽くすを第一とする「仁」の気持ちが、かすんでしまっておる。

そこで、わしはわざとこう答えた。

「そうじゃのォ。まず言えることは、猛獣のトラに出会ったらいきなり素手で挑んだり、大河があったらいきなり飛び込んで、歩いて渡りきろうとしたり……。そんな命知らずな〝勇者〟とは、組みたくないの。『勇ましく戦って死ぬなら本望!』とばかりに、どんな勇み足を踏んでかえって我が軍を危うくするか、知れたものではないからの。

勝つには生き延びねばならぬ。そのための戦のパートナーには、やはり万事に慎重で、綿密に作戦を立て、そのうえで行動力を発揮する者がよい。……はて、となると、誰を選ぶか。ちょっとすぐには決めかねるな」となる。

子路は、ここで急にシュンとなってしまった。少しかわいそうだったかの。

人には誰しも、他人より優れた長所がある。しかし、その長所を生かす際に、おのれの名声ばかりを求めては、きっと無茶をして失敗する。

じつは、子路もまた、わしより早く死んでしまってな。わしが死ぬ、わずかに一年前じゃ。仕えていた「衛《えい》」の国の内乱に巻き込まれて戦死した。

勇敢にして立派な最期だったと、聞いておる。

この喜びを知らねば、人間に生まれた甲斐がない

芸術は、素晴らしい。芸術を味わって感動する喜び。「天」が、地上のあらゆる動物の中で我々人間にだけ与えてくれた〝特権〟のうち、これほどありがたいものはない。

――と、わしはそう思う。

じつはわしは三十代半ばの頃、故国の「魯」を離れて、近くの国の「斉《せい》」に仕官しておったことが、ある。故国で内乱があっての。若かったわしには、どうにもできず、やむなく亡命しておったのじゃ。もちろん数年で帰ったがな。

それで、その「斉」におった時に、素晴らしい音楽の演奏を聞いたのじゃ。管弦楽の演奏でな。偉大な古代の王を讃《たた》える伝説の音楽じゃ。じつに壮麗にして優美な、それでいて迫力のある演奏であった。正直、故国ではこれほどの演奏は耳にできんかった。皆にも、いつかぜひ聞かせてやりたい。

わしは、感動で身体が震《ふる》えるほどであった。それからは、その美しい音色が、いつまでも心に残っての。わしは、アタマの中でその音の調《しら》べを繰り返し味わっては、一人で酔いしれておった。そんな状態が、三ヶ月ほども続いたのォ。

自分でも驚いた現象なのじゃがな。その三ヶ月間というもの、記憶に刻まれた音楽に寝ても覚めても心奪われていて、好物の肉料理を食べてる時でさえ、その味が解らなかったのじゃ。「今まさに口の中に広がっている料理の味より、アタマの中で繰り返される音楽のほうが気になって仕方がない」と、そんな状態であった。

いやァ。音楽がこれほどに人の心を奪うものだとは、あの体験まで知らなかった。じつに「芸術の喜び」とは、素晴らしい。

旨《うま》いものを食べる喜びは、動物でも知っておる。だが、素晴らしい芸術を味わう喜びは、人間だけのものじゃ。この喜びを知らねば、人間に生まれた甲斐がないぞ。

第八篇『泰《たい》伯《はく》』

「礼」はどうして大事か

これまで何度も言うてきたが、人は「礼《れい》」を知り、覚えねばならぬ。「礼」の知識は「君子」の絶対必要条件じゃ。

「礼」とは、すなわち「他人への思いやり」を形にしたもの。社会が人心安らかに営まれるために整えられた形式じゃ。したがって、定められた「礼」を守り、そのとおりに行動すれば、世の中は〝誰にとっても気持ちよい場所〟となるのじゃ。

だが、あるいはこの中には、

「わざわざ『礼』の知識を身に付けなくても、思いやりの気持ちを常に胸に抱いていれば、それだけでよいのではないか」

と、考える者もおるやも知れぬ。だが、それは正論のようで誤りじゃ。

「礼」の知識を持たず、いわば〝生地《きじ》のままの思いやり〟だけ持っておっても、たとえるなら「まだしゃべれない赤ん坊」と同じじゃ。どんな思いやりも、そのまま他人に誤解されずに伝えるのは、難しい。

思いやりを伝えるのも、テクニックなのじゃ。そのテクニックを、誰でも実践できる形式に整えたのが「礼」というわけなのじゃ。

たとえば、やたらとていねい過ぎても、相手の気疲《しら》れを招くだけで、相手は喜ばぬ。バカていねいな態度は、かえって場の空気が白ける。

こんな時の「ていねいの塩梅《あんばい》の良さ」というものを定めたのが「礼」なのじゃ。

相手から何かを勧められた時、何でもかんでも遠慮すると、変にビクビクした態度になる。遠慮のし過ぎは、相手の不安を煽《あお》ってしまう。

こんな時の「ほどよい遠慮」を決めてくれているのが「礼」なのじゃ。

勇ましいのは結構じゃ。だが、勇気にも示し方がある。それを知らずに、やたらと跳《は》ね回ったり大声で怒鳴ったりしても、周りには〝ただの乱暴者〟としか映《うつ》らぬ。

乱暴に映らぬ勇敢さ。そのスタイルを定めたのが「礼」なのじゃ。

正直は美徳である。自分の気持ちを偽《いつわ》らず率直に口にするのは、正しい。しかし、言い方というものがある。おのれの気持ちが相手の意に反するとしたら、伝える言葉は慎重に選ばねばならぬ。思ったままをダイレクトにぶつけては、きっと相手を傷つける。

そんな時に選ぶべき言葉を教えてくれるのが「礼」なのじゃ。

解るじゃろう。「礼」とはたとえるなら、心と心のつながりを滑らかにする〝潤滑油〟じゃ。冠婚葬祭のしきたり。ご先祖の祭り方。世間のルール。親への接し方。……と、良き「礼」は、さまざまな形でわしらの生活をサポートしてくれる。

だから、人は必ず「礼」を知っておく必要があるのじゃよ。

「人の道」をつかむ三つの段階

知性を磨き、心を養い、そして徐々に「人の道」を知る。「学ぶ」とは、そういうことじゃ。それを的確に導くのが、教育というものじゃ。

正しき学問、正しき教育には、段階がある。正しき段階を一段一段昇っていくことで、人は正しく育つ。

学問の第一段階は、詩を味わうことじゃ。

人は「言葉の生き物」じゃ。だから、まず言葉を学ぶのじゃ。「言葉の持つ美しさ」や「言葉が秘めている力」というものを感じ取り、感動する。そうすることで人の心は、動物から人へと〝進化〟する。

その〝進化〟を得るために、詩を味わうわけじゃ。詩とは「人の心を純粋に言葉に置き換えたもの」じゃ。素晴らしい詩は、人の心をダイレクトに言葉で表してくれている。だから、良い詩を読むことで〝人間ならではの心の喜び〟を、まず十分に知るがよい。

それが済んで初めて、第二段階として「礼」を学ぶ。

ふだんの生活の立ち居振る舞いから、先祖の祭り方、神々への祈り方まで。さまざまな「礼」を一つ一つ覚えていく。そうして、社会の誰からも認めてもらえる一人前の人間となっていく。

やがて「礼」が十分に身に付いたら、第三段階、最後の仕上げとして、芸術とくに音楽を学ぶ。

良き音楽は、人の心の奥底にある美しさを掘り起こしてくれる。良い音楽を味わうことで、心は磨き上げられる。「人の心とは美しい」と、はっきり自覚できるようになる。

この自覚を持てねば、いかに「礼」の知識が豊富でも「礼を記憶した機械」のようなものじゃ。こうした〝機械人間〟は、しょせん「損得勘定に聡《さと》いだけの私利私欲の人間」から脱皮できぬ。

――と、この三つの段階を踏んでいけば、やがて「人の道」をしっかりとつかめる。「君子」となれる。

わしは、弟子たちをそのように育てるべく努めたつもりであった。時代が変わっても、どのような文明であっても、人が人である限り、人の教育はこの三段階を踏んでいくべきだと、わしは思っておる。

才能だけでは君子になれない

先ほど、わしが敬《うやま》い崇拝する古《いにしえ》の聖人「周公《しゅうこう》」のことを、述べたな。

この世の「礼」をお決めになった方じゃ。「礼」は、わしら人類の叡知の結晶と言える。すなわち「周公」は、人類最高峰の知恵をお持ちの方であった。まさに聖人であった。

ところで、もしここに、そんな「周公」に並ぶほどの知恵者がいたとしよう。となれば、その人物は、わしなど足元に及ばぬほどの偉大な方であろう。

だがな。もし、じゃ。もし、その方がおのれの偉大な才能に驕《おご》り高ぶって、わしのような凡人を露骨にバカにして蔑《さげす》んでくるようであったなら、わしは決して、その人物を尊敬せぬ。

さらに、もし、その方がケチで、才能を世のため人のために無償で生かすのを渋るようであったなら、わしは断じて、その人物を崇拝せぬ。

他人を見下す者。他人に無償で尽くさぬ者。すなわち、おのれの才をひけらかしたい。おのれの得になることだけやりたい。

そうじゃ。まさに〝私利私欲の固まり〟じゃ。「君子」からもっとも遠い存在じゃ。

才能は大切じゃ。だが、才能だけでは「君子」になれぬ。皆も、ゆめゆめこの点は勘違いせんでほしい。

第九篇『子罕《しかん》』

天は使命を守る

わしの生きた時代の中国大陸を統《す》べておられた「周《しゅう》王朝」の礎《いしずえ》を、かってお築きになったのが、「文王《ぶんおう》」じゃ。

この文王に従って我が故国「魯《ろ》」をお創りになり、あらゆる「礼」をお決めになった偉大なる聖人「周公」は、この文王のご次男であらせられる。すなわち「文王」から「周公」へと父子二代にわたって、人類の文明はもっとも素晴らしい形での完成を、見たわけじゃ。

さて、ここでは一つ、わしのちょっとした思い出話を語らせてもらおう。

わしが国を追われて十四年間の放浪生活を送ったことは、話したな。その放浪のごく初期の頃であったがな、わしら一行が、ある町の民に包囲されたことがあった。

たしか「匡《きょう》」という町であったたな。町の民たちが皆、手に手に武器を持ってな。わしらを、今にも襲わんばかりに殺気だった様子で、取り囲んできたのじゃ。

わしらは、慌《あわ》てて町外《はず》れの岩場に隠れた。連中も、すぐに襲ってくるほどの度胸はないようじゃった。それで、そのまま五日間くらい睨み合いの状態となった。

正直、五日間もそんなふうにしておると、かなり気が滅入るぞ。今思い出しても、あまり気持ちのよいものではない。

マァ、事情を説明するとな、町の民たちの全くの勘違いだったんじゃ。

あの頃、国で大暴れした反乱軍がいての。率いたのは「陽虎《ようこ》」という名の者で、元は軍の将軍であった。謀反《むほん》を起こしたのじゃ。それで謀反が失敗して、国から逃亡しおった。

この「陽虎」の顔が偶然にも、わしによく似ていたのじゃ。それで町の民たちが、わしらを見かけて「陽虎が戻ってきた！」とばかりに、大慌てとなったというわけじゃよ。

なにしろ、辛い放浪の旅に出て間もなくのこと。元々〝お先真っ暗〟の気分にあって、そんな騒ぎのダブル・パンチじゃからのォ。わしについていた弟子たちは一様に、すっかり絶望してしまっていた。

しかし、わしには絶望の気分はなかった。岩場に身を隠し、食事もままならぬ状態にあっても、「そのうち切り抜けられるはずだ」と信じておった。強がりではない。本心で、その確信があった。

というのも、わしは「『天』が、この自分を見捨てるはずはない」と、信じられていたからじゃ。

わしは、旅に出たおのれを、こう思っておった。すなわち「人の世に『礼《れい》』を広める使命を『天』から授かった男」なのだ、と。だから「天」がこの我が身をいつでも守るはずだ、と。

わし自身などはチッポケな存在に過ぎぬ。だが、わしの使命は大きい。「天」は、この使命ある限りわしを守ってくれる。「わしを守る」と言うより「わしの使命を守る」に違いない、とな。

わしは、絶望で顔を青ざめさせていた弟子たちに説明してやったよ。

「皆の者、心配は要《い》らぬ。考えてもみよ。

あの文王も周公もすでに、はるか昔に亡くなられた。しかし、あの方たちが創ってくださった〝人の文明〟は、今このわしの心に、ちゃァんと引き継がれておる。『天』がもし、この文明を『人類に不要なもの』と判断していたなら、とっくの昔にそれは滅んで、わしのような〝文明の後継者〟は生まれなかったはずじゃ。だが、わしはこうしてこの世に生まれ、こうして生きておる。

ということは、じゃ。ここまで〝文明の後継者〟を生かしておいて、今更になって『天』が文明を滅ぼそうとするなど、有り得ぬ。したがって、わしがこんな所で死ぬわけがない。こんな町の民たちが、わしを殺すなどと『天』の意に反することを、できるわけがないではないか」とな。

弟子たちは、皆「なるほど」と納得してくれたよ。少なくとも、わしにはそう見えた。

結局、五日後に疑いが晴れて、わしらは旅を再開できたわけじゃ。今振り返ると、この騒ぎもまた、「我が使命を再確認できた」という意味では貴重な体験だったかの。

我が人生には使命がある。役割がある。目的がある。

――と、そんなふうに信じられる者は、困難にぶつかっても絶望し切らんで済む。

絶望したら、それで終わりじゃからの。少なくともわしは、おのれが生きるためにも、おのれの使命を常に心に宿していたい。

質問された時の心構え

わしは、長年学んできた。他人様にさまざまな知識を教えてもらい、書物でさまざまな知識を覚え、日々の経験を通じてさまざまな知識を得た。

しかし、だからと言って、おのれを「特別知識の豊富な人間」だ、などと自惚《うぬぼ》れる気は、ない。ふつうの人より多少は物事を知っているかも知れぬ。が、この世の森羅万象《しんらばんしょう》あらゆる事柄の、その膨大さに思いを馳《は》せてみれば、わしのアタマにしまい込まれた知識など、しょせんは、ほんのチョッピリに過ぎぬ。

それでも、わしを「物知り」だと誉めてくれる人が、よくいる。わしの知識を頼ってくる者は、少なくない。

何故であろうか。人々がそのように頼ってくるのは、わしが本当の「物知り」だからではない、別の理由がある——と、わし自身は分析しておる。

というのも、わしは他人に何か問われた時の心構えを、一つ決めておる。

それは、質問者がどれほど無知で幼稚であっても、質問がどれほどバカバカしい内容であっても、聞き方がどれほどヘタクソであっても、初めて問うてくる時には、ジックリと質問を聞いてやる。質問者が何を知りたいのか、十分に吟味してやる。そうして、できる限り詳しくていねいに答えてやる。

——と、そのように対応することじゃ。

この心構えがあるから、さまざまな人々がわしに、何だカンだと聞いてくるのじゃろう。わしを「物知り」と讃えて、わしの答を求めてくるのじゃろう。

もちろん時折は、十分に答えられぬ難しい質問も、ぶつけられる。だがそれでも、おのれのできる範囲で答え、その質問者とともに考えてやるようにしている。

確かに手間じゃ。しかしこうしてやることで、わしを訪れた者が「物事を知ること・学問すること」の大切さに目覚めてくれれば何よりだ。

——と、わしは信じておるんじゃ。

強い志は他人が奪い去ることはできない

戦場にあって、敵大軍の陣中に二重三重と守られている総大将といえども、こちらに巧妙なる作戦と勇敢なる将兵があれば、これを敵軍から奪い、捕らえることができる。

しかし、たった一人の、ごくふつうの無防備な男が、強い志を胸に秘めていたなら、その志は何をもってしても、他人が奪い去ることはできない。

志とは、それほどに強いのじゃ。本来、強さを秘めておるものなのじゃ。

カネの力。暴力。あらゆる誘惑。我が志を奪おうとするものは色々と現れよう。

だがな、そんなものに奪われる程度の志なら、しょせんは、初めから本物ではない。

そして、何者にも奪われぬ本物の志を持つ者こそが、おのれの人生に〝おのれだけの生き甲斐〟を見出せる。志とは、そうしたものじゃ。

「君子」が輝く時とは？

わしはこれまで「君子」を目指すのが「人の道」じゃと、何度も述べてきたな。ところで、皆は勘違いしておらぬかの。「君子」という存在を、世の中で特別に目立つスーパーマンか何かのようにイメージしたり、してはおらんかの。「君子」とは、「仁」を知り、他の人々に尽くす生き方を喜びと思える人。すなわち、その志を胸に秘めている人じゃ。

志は、いかに熱く強いものであっても、外からは見えぬ。したがって、ふだんの外見や様子で「君子」とふつうの人間に大きな違いが見られるわけでは、ない。

逆に言うと、な。「君子」だからといって、ふだんから特別なことをやらねばならぬ、といったわけではないのじゃ。「君子」の暮らしは、そんなに〝肩の凝《こ》る〟ものではないぞ。

だが、世の中が乱れ、誰もが逆境に追い込まれた時。日々の暮らしにさえ大きな障害が生じた時。おのれ一人が生き延びるさえ大変になった時。そんな苦境に人々が放り込まれた時にこそ、「君子」の姿はそれと解る〝輝き〟を放つ。

何故なら、ふつうの人間は苦境に追い込まれると、きっと私利私欲をむき出しにする。他人を出し抜いてでもおのれは助かろうとする。しかし「君子」は、どんな時にも他人への思いやりを忘れぬ。ふだんと変わらずに、周りの人々を大切にする。だからその姿が、周りとはっきり違って見えるのじゃ。

ちょうど、寒さ厳しい真冬になって多くの樹々が枯れ尽くしても、その中で松や柏《かしわ》だけが凜然《りんぜん》と緑の色に映えているようなものじゃ。

夏の盛りに樹々の緑が美しく映えるのは、当たり前じゃろう。だが冬になってなおその緑を失わぬのは、どんな樹にでもできる芸当ではないからの。

第十篇『郷党《きょうとう》』

公私の別を心掛ける

ここで少し、わしのふだんの暮らしぶりなんぞを、披露《ひろう》してみたいと思う。

いや、別だん自己アピールしたいわけではないがの。わしの暮らしは、常に「礼《れい》」に則《のっと》っておる。だから、わしの暮らしをかいま見てもらうことで、皆に「礼」の何たるかを実感してほしいのじゃ。

まず、わしは、郷里でプライベートな時間を過ごしておる時には、おとなしく物静かな人間であろうと努めた。とくに、近所の老人や学問の先輩といった年上の人の前では、ベラベラとしゃべったりせず、ひたすら相手の話の聞き役に徹するよう心掛けた。

傍《はた》から見たら、郷里でのわしは口ベタの不器用者かのように映《うつ》ったであろう。だがわしは、そう見られるくらいが丁度よいと思っておった。

年長者にはできる限り従順であれ。それが「礼」じゃ。

その一方で、ご先祖の眠る霊廟でお祭りの仕事をする時、あるいは、役場の会議の席上で政《まつりごと》を論ずる時、そうしたオフィシャルな場にあっては、テキパキと動き、ハキハキと弁ずることを心掛けた。

とは言っても、ついつい調子に乗っていつの間にやら得意気な態度になっておっては、いかん——と、おのれを戒《いまし》めて、言動の慎重さを常に意識した。

公《おおやけ》の仕事は、おのれの力を精いっぱい生かすべく積極的に動く。だが、それが自慢や独りよがりの自己満足に結びついては、決してならぬ。それが「礼」であり「君子」の態度じゃ。

こんなふうに、ふだんの立ち居振る舞いで公私の区別をしっかりと心掛けるのが、「礼」に則って動く態度の基本というわけじゃ。

職場ではていねいな言葉を使う

わしが、郷里の家から仕官先の役場に通う暮らしをしておったのは、五十歳くらいの頃だったのォ。毎朝、馬車に揺られて出勤して、お勤めに励んでおった。

職場に着くと、身分の低い役職の者たちと気兼ねなく話をするのが、ちょっとした楽しみであったな。マァ、仕事の話が主でプライベートな話題はほとんど出ぬが、それでも仕事のスタート前に人と気軽に声を掛け合うのは、良いものじゃ。

同格の同僚と仕事中に話をする時は、言葉をていねいに心掛けた。職場での対話は、それそのものが仕事なのじゃからの。互いに〝公の立場〟として、身を引き締めねばならぬ。

役場にあって、我が主《あるじ》、つまりは上司と話をする時は当然、徹底して厳粛に恭《うやうや》しく応対するを、心掛けた。上司がどれほど優しく打ち解けて声を掛けてきてくれても、こちらから態度を崩すことは、決してしなかった。

仕える者は、上司の優しさに甘えてはならぬ。それが「礼」じゃ。

このように、公の場では、相手の身分・立場によってこちらの応対ぶりを厳格に区別する。それが「礼」というものじゃ。

年長者に敬意を払う

わしの郷里の村は、五百軒くらいの家があったかな。大きな町からちょいと離れた、穏やかな所じゃった。

冬になると、年に一度くらい村を挙げての大宴会が開かれてな。この時は、村の者たちが老いも若きも、皆一堂に集《つど》って、楽しく飲み、食い、語り合ったものじゃ。

村の老人を主賓《しゅひん》として迎え、色々と話を聞かせてもらうのが、この宴会の主旨じゃ。村に昔起こった意外な事件とか、そのご老人の貴重な人生体験とか、なかなか楽しくてためになる話題ばかりじゃった。

わしもまた、この宴《うたげ》は好きであった。郷里に暮らす者の一人として、喜んで参加した。

宴が終わると、皆がホロ酔い気分でちょっと千鳥足《ちどりあし》になりながら、バラバラと立ち上がり、それぞれに家路につく。この時わしは、おのれより年長者の全員が、杖つきながら出ていくまでは、決して席を立たぬよう心掛けていた。

ご老人たちは、誰もがゆっくりした足どりで出ていく。全員が退席なさるまでには、宴が跳《は》ねてから結構待たされる。だが、わしは、参加したご老人全ての後ろ姿が出口に消えるのを見届けるまでは、ジッと待っておった。そして全てを見送ってから、おのれも立ち上がり退席した。

年長者に敬意を払うことは「礼」の根幹じゃ。ご老人を後目《しりめ》にサッサと帰ってしまうのは、「礼」にもとることになるからの。

先祖の霊を敬う

わしの郷里では、「鬼やらい」の行事がなかなか盛大に行なわれての。人の暮らしに災いをもたらす悪鬼を追い出すためのお祭りじゃ。

何でも、先ほどここの係の者に聞いたら、この島国でも同じような行事をやるらしいの。立春前夜に「鬼は外ォ」と叫びながら、豆を蒔《ま》くそうじゃの。古くに我が中国から伝わった「鬼やらい」がこの国にも定着しているとは、結構なことじゃ。

この「鬼やらい」では、鬼や精霊なんぞに扮装した村人たちが行列を組んで家々を廻ってくる。お祭りとなれば、誰でもテンションが高くなるからの。どこの家でも大騒ぎじゃ。

わしは、この行列が我が家に入ってくる時には、仕官先で着るフォーマルな礼服に身を包んで、姿勢を正し、家の正面玄関でこれを出迎えた。

理由は二つあってな。

やはりまず、どんな迷信のお祭りであれ、郷里の伝統行事は、そこに生まれ住む者なら大切にせねばならぬ。その気持ちが、世の秩序を守り、人々の暮らしに平穏をもたらす。これぞ「礼」じゃ。

そして、より重要なことは、家にいつでもいらっしゃるご先祖の霊への気配りじゃ。

「鬼やらい」の騒ぎがいきなり家に入り込んでくれば、ご先祖の霊たちはビックリなさる。それで主たるわしが、この騒ぎを正面で迎えることで、ご先祖たちに安心していただくのじゃ。

何か機会あるごとに、ご先祖の霊へ敬《うやま》いを示す。この姿勢こそが「礼」じゃ。

人の命がもっとも大切だ

そう言えば、わしの家の厩《うまや》が火事になったことがある。わしが、出勤中で留守にしておった時のことじゃ。

お勤めを終え、馬車で家に帰りついたところ、召使いたちがあわてて駆け寄ってきて、事の顚末《てんまつ》を話した。幸い、母屋《おもや》のほうに被害はなかったがの。厩はまる焼けであった。

馬は、毎日の出勤に欠かせぬ貴重なものじゃ。これがダメになってしまえば、お勤めにも差し障《さわ》る。そんなことは皆、重々承知じゃからの。それで、召使いたちは青い顔をして、ひたすらこの不祥事を詫びた。

しかしマァ、わしに言わせれば、お勤めに必要かどうかはさて置き、何によらず人命を第一に考えたいのじゃ。それで、

「家の者にけが人はなかったのか！」

との問いが、まずわしの口から出た。そして「けが人はございません」との答を聞いたら、それで、すっかりホッとしてしまってな。後は、被害状況などどうでも

よくなって、ほかは何も聞かずに部屋に戻ってしまった。

　この時のわしの態度には、「お勤めに大切な馬を心配せんとは不心得《ふこころえ》だ」とか「馬の命も人の命も同じように大切にしろ」とか、色々とご批判もあるじゃろう。けれど、やはりわしの偽《いつわ》らざる気持ちとして、人の命がもっとも大切なのじゃ。その想いが、人の世を正しく律する「礼」の〝根本の根本〟なのだと、わしは信じておる。

友との付き合い方

友人は、誰にとっても〝人生の宝〟じゃ。友を慈《いつく》しみ、友を敬い、友と助け合って生きる。これぞ「人の道」じゃ。

正しき「礼」は、友との付き合い方もまた、きちんと定めておる。

弔《とむら》いの形は信仰や時代によって、色々と変わりもしよう。わしの時代では、人が亡くなったら遺体を棺に納め、その棺をまず一ヶ月ほどは家の一室に安置する。いわゆる「かりもがり」じゃ。それが済んでから、本格的な葬儀を営む。

——と、こうするのが、正しい葬儀手順であった。

ただ、中には、家族も親類縁者もない天涯孤独の者が亡くなると、この「かりもがり」の部屋を得られぬ棺が出てくる。わしは、こうしたタイプの知り合いが亡くなった時には、「わしの家で棺を休ませてさしあげましょう」と、我が家の一室を必ず「かりもがり」のため提供した。これを「迷惑だ」などとは、決して考えなかった。

亡くなった者は、身内が弔う。その次には、友が弔う。それが「礼」じゃ。

また、何かの機会に友から贈り物をもらうこともあった。中には、馬とか馬車といったような高価な品を寄こす友も、あった。

わしは、そんな品でも遠慮なく受け取った。そして「ありがとう」と一言述べるくらいで、その友に特別に恭しく頭を下げることは、しなかった。

ただし、友の贈り物が、その友のご先祖を祭った供物の場合は、別じゃ。たとえば、ご先祖の霊にお供えした肉をお裾分けしてもらった時は、恭しく頭を下げた。

あらゆる財産は、友人と共有する。友人どうし、互いの持ち物は互いのために役立てる。これが「礼」じゃ。

だから、友人のあいだで財産をやり取りするのは、特別なことではない。互いの持ち物を、ごく当たり前の気分で一緒に使い、同じように大切にする。この気持ちが、友との絆《きずな》をますます強くしてくれる。

したがって、友のご先祖もおのれのご先祖と変わらず敬うのが、正しい姿勢というわけじゃ。だから友のご先祖へのお供え物は、我がご先祖へのお供え物同様に、ありがたく思わねばならぬ。

心ゆるせる友人に堅苦しい「礼」など要《い》らない――と考えるのは、大きな勘違いじゃ。大切な友だからこそ正しい「礼」をもって接せねば、ならぬのじゃ。

コラム

苦労人・孔子

孔子の生涯は、かなり詳しく伝わっています。古代中国の大歴史書『史記』に、伝記がまとめられているのです。

孔子。姓は孔、名は丘《きゅう》といいます。

孔家は「魯《ろ》」国の「士《し》」の家柄です。つまり、ノンキャリア風の中級役人の家です。ただ、彼の両親は実家の孔家に認めてもらえぬ〝ゆるされない間柄〟だったらしく、そこにはドラマチックなラヴ・ロマンスがあったようです。しかも父親は、孔子が三歳の頃に亡くなりました。彼は貧しい母子家庭で育ったのです。

こんにちの研究者によれば、母親の実家は「儒《じゅ》」を家業としていたらしいと、説明されています。当時の「儒」とは、早い話「冠婚葬祭」屋です。冠婚葬祭には当然、種々の伝統的な礼儀作法が付きもので、孔子の思想のバック・ボーンには、この母の実家の家業が影響しているようです。また、後年に彼の教えを「儒教」と呼ぶようになるのも、こうした事情からでしょう。

少年時代から青年時代にかけて、彼は食べていくために色々な仕事を転々としたようです。農業の体験もあったようで、そんな苦労が彼の大きな人間性を養ったと思われます。ですが、孔子当人は、そうした若き日の苦労を辛い思い出として、否定的に捉えています。中国の伝統的な感覚では、文化人・教養人は肉体労働にいっさい従事しないもの、とされているからです。その十七歳の頃、母も他界します。その前後に実家からようやく両親の結婚が認められ、彼は孔家を継ぎました。

彼の夢は、上級役人となって故国を〝正しい秩序の国〟に導くことでした。が、そう現実は甘くありません。彼の夢が実現するのは、なんと五十二歳になってからです。それまでの間、彼の学識は中国全土で有名となり、多くの弟子が集《つど》ってきました。が、彼当人は、そんな素晴らしい教師生活にも、どこか物足りなさを感じ続けていました。

しかも、五十二歳でようやく夢叶《かな》ったのも束《つか》の間《ま》、そのわずか四年後に政争に敗れて、国外逃亡を余儀なくされます。これが、十四年間にもわたる放浪生活となるわけです。

この放浪の旅に同行した弟子もいれば、故国に残って役人となった弟子もいました。孔子は結局、旅に疲れ果てた挙げ句、六十九歳の年に帰国します。この帰国は、弟子たちの根回しのおかげで何とかなったらしいです。

帰国後の晩年は弟子に囲まれ、古典研究にいそしむ学者生活で、言ってしまえば〝隠居暮らし〟の日々でした。

享年・七十四。崇高にして〝不満〟の多い、数奇な生涯でした。

第十一篇『先《せん》進《しん》』

野人の礼と君子の礼

文明というものは、時を経て、子から孫へと受け継がれ、人の手が加わっていくに従い、磨かれていく。欠陥が補われ、研《と》ぎ澄まされて、単調なものから複雑なものへと姿を変えていく。

だから、いわば昔の文明は「野人の礼《れい》」じゃ。「周公《しゅうこう》」がお創りになったばかりの「礼」は、どうしたって、こんにちに比べれば〝単調で素朴〟の域にあると、言える。

その後、多くの人間が寄ってたかって「周公」の「礼」を〝こねくり廻し〟て、これを複雑にしていった。そして、こんにちの「礼」となった。

そうした意味でこんにちの文明こそが、いわば「君子の礼」と言えよう。「野人」から「君子」へと、「礼」は美しく磨かれてきた。

さて、ここでもし、じゃ。もし「野人の礼」と「君子の礼」。いずれか一つだけを選ばねばならぬとしたら、どうするか。

わしなら、迷わず「野人の礼」を選ぶ。

確かに、素朴でまだまだ未完成な点も、ある。だが、その「礼」には、この世に生み出されたばかりならではの〝熱いエネルギー〟が、ほとばしっておる。表面上の形式こそ粗削りであるものの、奥底から「礼」の〝根源的なパワー〟があふれておる。

「他人を思いやり、親を敬《うやま》い、人の世を秩序ある平和に導くのだ」という「礼」の本当の目的が、聖人「周公」の〝導きの声〟が、クッキリと浮かび上がっておる。

物事、何でもそうであると、わしは思う。始まりの頃は、とかく単調で大雑把《おおざっぱ》なものじゃ。だが、だからこそ「何故それは生み出されたのか」といった〝存在意義〟が、クッキリと示されているものじゃ。

わしは、それをもっとも大切に思いたい。

顔回が死んだ時

今しがた話した「野人の礼」と「君子の礼」の関係な……。わしの弟子のタイプにも、同じような関係が見られたよ。

わしを慕ってついてきてくれた弟子は、たくさんおる。これが、年齢もバラバラじゃし、わしの元に弟子入りした時期もバラバラじゃった。

後年の弟子の中には、独学で〝予習〟してきたらしく、わしの教えを初めから知っておった者も、いた。けれど、そんな感心な若者でも、よくよく話をしてみると、やはり不足での。「表向きの知識こそ豊富だが、わしの心根まではつかんでくれておらん」といったタイプが、少なくなかった。

この点、わしに古くからついてきている者たちは、少々学問が弱くとも、わしの気持ちをよく汲み取ってくれた。

マァ、そうしたものじゃ。

そうじゃ。これまでにも弟子の話は幾つか語らせてもらったがの。ここでまた、そのへんの話題を出させてもらおう。

顔回《がんかい》が、かわいそうに若死にしたことは、前にも述べたな。

彼が死んだ時な……。その死の知らせを受けた時、わしは、おのれが何をどうしたのか、憶《おぼ》えておらんのじゃよ。

ほかの弟子が息せき切ってわしの部屋に走り込んできて、「先生！　顔回が死にました！」と涙ながらに訴えてきた場面までは、今でも憶えておる。だが、その後の記憶がない。

後から教えられた話だと、わしはその瞬間、奇声を上げて狂ったようにその場をのたうち回ったそうじゃ。ひたすら言葉にならぬ声をわめき続けて、身体を震《ふる》わせて、そこいら中を叩き、部屋の中で大暴れしたそうじゃ。わしがおとなしくなるまでの間、誰も怖くて近づけなかったと聞く。

……憶えておらんのじゃよ。

顔回の葬儀も済んで、何日か経ってから、弟子たちが言い出しにくそうに「先生は、あの時……」と、その話をしてくれた。

「先生はあの時、狂われておりました」

となと。

「そうか……。わしは狂ったか」

わしは、その話を他人事のように聞くしかなかった。

だが、それが事実だったとして、わしに後悔はない。醜態をさらして恥ずかしかったとは思わぬ。

顔回が死んだのじゃ。彼の死を悼《いた》んだあまり狂ったのじゃ。

わしにとって、生涯唯一〝狂うに価《あたい》する悲しみ〟であった。あの時狂わなんで、ほかにどんな時狂うというのか。

――と、そう思えたからの。

子路の質問

わしの側《そば》に長年いたのは、やはり子路《しろ》じゃ。

それだけに、二人きりで手持ち無沙汰に何するでもなく一緒におることも、よくあってな。そんな時じゃな。彼は、いきなりトンデモない質問をぶつけてくることが、あった。

ほとんどその場の思いつきで、パッと閃《ひらめ》いたネタを、わしにぶつけてくるのじゃ。答える前に「おぬし、本当にその質問の意味解っておるのか?」とツッコミを入れたくなるような質問じゃ。

マァ、この軽率さがまた、子路の愛すべき点なのじゃがの。

その子路にある日、こんなことを聞かれたよ。

「先生！　神様の家来となって働くには、まずどうしたらよいのでしょう⁉」

わしは、答えたよ。

「人間の立派な御方に仕えて働くには、どうしたらよいか。その方法さえわしには、まだよく解らぬ。ましてや、神への仕え方など解るはずなかろう」と。

「では、先生！　人は死んだらどうなるのでしょう⁉」

「生きている間にどうなるか。その程度の運命さえ、わしには見通せん。ましてや、その先にある死後の運命など解るわけなかろう」

子路は、拍子抜けした顔をして「ああ、そうなんですか……」と、ポツリつぶやくだけじゃったよ。

それでいて、その翌日には、もうケロッとしておる。わしは、こんな男である子路が好きじゃったな。

過ぎたるは及ばざるが如し

子貢《しこう》という弟子がおってな。じつにアタマが切れる。弁舌《べんぜつ》が達者で、議論の好きな男であった。

弁の立つ者にありがちな性格なんじゃがの。この者は、他人を比べて批評するのが好きであった。マァ、当人がアタマがよくて学問に真面目じゃったから、その批評はいつも穿《うが》っていて、鋭かった。たいてい〝独りよがりの自分勝手な決めつけ〟でなかった点が、救いじゃったの。

その子貢がいつもの如く、こんなことを聞いてきた。

「先生。子張《しちょう》と子夏《しか》は、どちらが優れておりましょう」

子張も子夏も、わしより四十歳以上年下の、言ってみれば孫のような弟子たちじゃ。二人とも優秀でな。子貢も若いが、二人に比べれば十歳以上の年上じゃからな。後輩たちの伸びてくるのを感じて、やはり気になっていたと見える。

わしは、答えた。

「うむ。子張は才能があるが、若さゆえの怖いモノ知らずじゃ。才気に走って暴走するところが、困る。子夏は、その点が逆じゃ。慎重さと臆病さがゴチャ混ぜになっておる。失敗を恐れ過ぎて、何につけ一歩を踏み出すのに時間が掛かり過ぎる」

「……となると、子張のほうがマシでしょうか。先生はいつも『君子は実行をともなう』と、お教えくださっています」

「いや。『怖いモノ知らず』と『臆病』は、正しき行動に結びつかぬ点では同じじゃ。どちらも誉《ほ》められぬ。

積極性とは、強過ぎても困るし、足らなくても困る。万事がそうじゃ。過ぎたるは及ばざるが如し、じゃよ」

子貢は「なるほど」とうなずき、

「万事、過不足のないバランスが大切なのですな」

と、わしの言葉を引き継いだ。

そのとおりじゃ。物事のバランス感覚に長《た》けていることが「君子」の条件なのじゃ。

「善人」と「聖人」

今しがた話題に出てきた子張が、わしにこんな問いを投げかけたことが、ある。

「先生。『生まれながらの善人』という人間は、おりますよね」

「うむ。数こそかなり少ないものの、確かにおる。幼き頃より誰に叱られ教えられるでもなく、おのずから一切の悪事に手を出さぬ人間じゃ」

「そうした者は、人として尊いですよね。ですが『人の道』から見て、それで十分なものなのでしょうか」

なかなか鋭い質問じゃろう。そこでわしは、こう諭《さと》したよ。

「いや、十分ではない。

善人とは、生まれながらに〝美しい心〟を備えておる。そうした者は、ふだんの暮らしの中で『礼』の意味を感じ取り、ごく自然に『礼』を覚えていく。だが、そのレベルで止まってしまう。

そこまでだと、まだ『君子』になれぬのじゃ。

『君子』とは『礼』を学び、さらに『学んだことをどう生かすか』の〝やり方〟を学んだ者じゃ。つまり、『礼』の実行を着実に果たすノウハウを身に付けた者じゃ。

本当に世のため人のためとなる行動は、何か。その判断は、じつに難しい。深い洞察力が必要じゃ。何故なら人は、目先の損得はもとより、目の前にいる人への〝一時的な情〟にほだされて行動を誤ってしまう場合が、少なくない。

善人は、ここで失敗する。学問で洞察力や判断力を培《つちか》っていないアタマでは、物事を深く考え抜く力がないからの。

つまり『善人』とは、『聖人』の心には近いけれど、『聖人』の奥深い知恵には届いておらぬ人間なのじゃ」となる。

皆も解ってくれるかの。

生まれながらの無垢《むく》や純粋さは、確かに美しい。だが、それだけでは足らぬ。学問の努力を経なければ、人の心は「仁《じん》」に至れぬのじゃ。

第十二篇『顔淵《がんえん》』

顔回《がんかい》と二人で語り合った思い出は、尽きぬ。あの若者は、わしが心から将来を期待していた男であった。何故ああも早く、「天」は彼をわしから奪ったのかのォ……。

「仁」に生きるとは何か

その顔回との思い出で、今でももっとも印象深いのは、彼が「仁《じん》」について真っ向からストレートに聞いてきた時のことじゃ。

ふだんの彼は、先輩たちの中でおとなしく控え気味じゃった。それが、ずっと心の奥底で思い詰めておったのじゃろう、わしと二人っきりになったある日、いきなり問うてきた。

「先生！　お教えください。『仁』に生きるとは、ズバリ何なのですか」となっ。

あの時のまっすぐな眼差しは、忘れられん。迫力があった。学問にいつも全力投球で、不器用なほどひたむきじゃった。立派な若者じゃった。

わしは答えた。

『仁』に生きる。すなわち『礼《れい》』を守る。

それはつまりな、心の中に巣食う『おのれの欲望』を抑え、これを踏み越えて『礼』に〝立ち返る〟ということじゃ。

よいか。『礼』とは、人の心に無理を強《し》いて縛るものでは、ない。それは〝初めから人の心に備わっている思いやり〟を形にしたものに、過ぎぬ。

だから、『礼』を守るとは〝元々の正しい自分に返る〟ということなのじゃ。

したがって、その『礼』に反する欲望なんぞは、人の本心のようで、じつはそうではない。表面上の〝嘘の心〟に過ぎぬ。

欲望に振り回されず、秩序正しく他人と協力して生きて、そこに〝本当の喜び〟があることに、はっきりと気づく。これすなわち『仁』の本領じゃ。

この『仁』を、たった一日でもよい、完璧に実践し得たならば、周りにいる人々は皆、おのずと集まってくる。何に強制されんでも、おのずとその『仁』を慕ってくる」

「そして、集《つど》ってきた人たちは、どうなりましょう」

「うむ。そうして今度は、それぞれの人が、それぞれの『仁』に目覚めるきっかけを得られる。素晴らしいじゃろう。

……だがな。いずれにしろ、『仁』に生きるとは、おのれの力でやり遂げるものじゃ。それは『正しいおのれに返る』ということなのじゃから。どうしてこれを『他人にやってもらうこと』などと言えよう。

わしとて、『おぬしの人生に仁を実現させてやろう』なんてセリフは、言えぬ。ただ、こんなふうに、ほんのちょっとのアドバイスをしてやれるだけじゃ」

顔回は大きくうなずいた。そして、さらにこう問うてきた。

「先生。よく解りました。しかし私は、まだまだ未熟者です。ならば、その『仁』を実践するため、まず何をどうすればよいのか。その具体的な第一歩が考え及びません。

どうか、もう少しアドバイスをいただけませんでしょうか。私はまず何をすべきか」

わしは、もちろんすぐに答えてやった。教え子が〝道を目指す〟決意を固めた時、その第一歩を踏み出す〝具体的なきっかけ〟を与えてやるのは、師の務めじゃと、わしは思う。

「うむ。『礼』に反する欲望は、偽《いつわ》りのものであるだけに、かえって虚飾に彩《いろど》られて魅惑的なものじゃ。人は、その誘惑に乗せられ易い。

『ほーら、お前はこうしたいんだろう。こうすれば楽しいぞ。こうしたほうがラクだぞ』

といった具合に、我が心の中で〝誘惑の声〟を響かせてくるわけじゃ。

その誘惑に乗せられぬためには、一にも二にも『礼』を覚え、覚えた『礼』を〝基準〟にするスタンスを確立することじゃ。これこそ『仁』に至る道の第一歩じゃ。

我が心に欲望が生じたなら、まずは、それを『礼』に照らし合わせるがよい。そして、その内容が『礼に外《はず》れている』となったら、それを見てはならぬ。その声を聞いてはならぬ。それを口に出してはならぬ。それを行なってはならぬ。

逆に言えば、おのれの願いが『礼』に外れていないなら、それは〝正しき願い〟じゃ。我慢などせず堂々と実行に移すがよい。

聖人は、このために『礼』を定めてくださった。言ってみれば、我々人類に〝邪《よこしま》な欲望〟と〝正しき欲望〟を区別する確かな基準を与えてくださった、というわけじゃ」

顔回は大いに納得して、晴れやかな笑顔を見せた。声弾《はず》ませて、こう答えてくれた。

「先生！　私は、愚かで小さな一人の男に過ぎません。ですが、先生のお教えを実行するため、私の全てを賭けてこれから生きていきます！」とな。

顔回は若くして死んだ。だが彼の短い生涯は、この言葉に偽りなかったよ。

人それぞれの「仁」

わしの弟子には、出身の身分やら家庭環境やらに色々と悩みを抱えている者も、おった。

わしはわしなりに、それぞれの者が抱える事情に気を配ってきたつもりじゃ。同じことを教えるにも、その者の心根に合わせたケース・バイ・ケースの導き方を、考えてきたつもりじゃ。

仲弓《ちゅうきゅう》という弟子がおった。貧しく賤《いや》しい民の出であった。当人も、多少はその出身にコンプレックスがあったようじゃ。だが、政治力に大いなる才能があった。出身など問題ではない。彼には人々の上に立つ仕事をさせてやりたい。

――と、わしはずっと思っておった。

その仲弓が、先ほどの顔回と同じ質問を、わしにしてきたことがある。

「先生。私の人生で『仁』を為すには、どうすればよいのでしょう」と。

わしは、答えたよ。

「仲弓。おぬしは、人の上に立つべき男じゃ。だから、その立場における『仁』を、目指せ。

そのためには、次のことを心掛けよ。

まず、外出する時は散歩であろうが遊びであろうが、どんな些細《ささい》な用事でも、『これから主君のお客様の接待係を務めるのだ』と、そんな心構えを、おのれに戒《いまし》めよ。

そうすれば、おのれの態度が常にキリッと引き締まり、誰からも敬《うやま》われる。おぬしと接する誰もが、おぬしのていねいで立派な対応に感謝する。

やがて、おぬしが政《まつりごと》の職務に就《つ》いたならば、民を使う時どんな簡単な仕事をさせるにも、神や先祖の霊を祭る時と同じくらい真剣に取り組め。

仕事内容をていねいに民に伝え、民が仕事をやり易いようTPOに配慮せよ。たとえば、田畑の収穫の忙しい時期に民に労役を課するようでは、いかん。

さらに、現場では細やかに指導して、終わったら民の働きを十分にねぎらえ。そうすれば民は、おぬしを心から信頼し、仕事もきちんとこなしてくれる。

要するに、じゃ。常に、相手の身になれ。自分の気持ちを常に、相手とオーバーラップさせるのじゃ。

相手が『してほしくないだろう』と思えることは、するな。相手が『こうすれば嬉しかろう』と思えることを、せよ。

この心掛けでいれば、政に携《たずさ》わって民から怨みを買うことは絶対になく、家族や友とのプライベートな人間関係にあって疎《うと》まれることは絶対にない。言動がおのずと『礼』に則《のっと》り、あらゆる人々に慕われる。これすなわち、おぬしの人生の『仁』じゃ」

仲弓は、大きくうなずいた。そして、

「先生！　私はまだまだ『仁』に遠い男です。ですが『仁』を目指して邁進します！」

と、高らかにわしに宣言してくれたよ。

「君子」とは心配せず、何も恐れぬ者

司馬牛《しばぎゅう》という名の弟子が、おった。よく弁の立つ男じゃった。この者は、いわば家庭の事情が複雑でな。当人も悩んでおったよ。

司馬牛には兄弟がおってな。じつはわしは、あの十四年間の放浪中に、司馬牛の兄から命を狙われたことがある。この兄というのは「宋《そう》」の国で反乱を起こした者であった。

兄がかつてわしの命を狙ったことを、司馬牛は気に病んでおった。それでわしに、ある時こんな問いを掛けてきた。

「先生。私は『君子』になれましょうか。そもそも『君子』とは、どんなものなのでございましょう」

わしは、あえて一言、こう答えてやった。

「『君子』とはな、何も心配せず、何も恐れぬ者じゃ」

案の定、司馬牛は怪訝《けげん》な顔をした。わしの簡単な答に不満そうじゃった。

「……それだけですか。心配や恐れがなければ、それで『君子』なのですか」

「のぉ、司馬牛。心配とは何じゃ。恐れとは何じゃ。

それは、『俺はダメな人間なのではないか。俺には罪があるのではないか。俺は悪人で、いつか神から罰を受けるのではないか』と、おのれでおのれを否定して、ビクビクしてしまう気持ちじゃ。

だから、よくよく我が身を振り返って、おのれの人生を省《かえり》みて、『俺は悪いことをやっていない』と思えるなら、心配や恐れなど生まれようはずがない。

俺は悪事は決してしてしない、したことがない——と、そう思える自信。これすなわち『君子』の第一歩ではないか。

世間の目がどうであろうと、身内にどんな人間がいようと、そんなものは、おのれの価値と何の関係もない。『君子』となるために何の妨《さまた》げにもならぬ」

ここまで述べて、わしは司馬牛を見た。司馬牛は、ややうつむいたまま小さな声で、

「よく解りました」

と、答えてくれたよ。

じつは司馬牛は、わりと軽率な男でもあってな。よく、調子に乗ってあることないことベラベラしゃべっては、弟子仲間にあきれられる場面も、多々あった。あるいは、兄のことを気に病むあまり、心の底でいつも自信喪失しておって、その反動で、ふだんそんな態度を取っていたのではなかったかな。

だが、この時ばかりはじつに神妙に、わしの言葉を嚙みしめてくれたようじゃった。

コラム 孔子の弟子たち

おそらく孔子は、人類史上最高の教師の一人でしょう。

『史記』の記述によると、弟子の総数は三千人という、とてつもない人数です。年代も幅広く、孔子と十歳も離れていない年配者から四十歳以上離れた若者まで、まちまちです。このうち、一人前の「君子」として認められているのが七十二人。ずいぶんと割合の低いもので、それだけ「君子」となるのは大変だ、ということでしょう。

これだけいれば、出身国や出身の身分も色々です。当時、低い身分の人間は、学問をするチャンスさえないのが当たり前でした。が、孔子はこの点で差別することなく、誰でも受け入れました。この平等主義は当時の文化人としては、画期的な英断だったのです。

このテの弟子群では、いわゆる〝ベスト・メンバー〟がよく伝えられるものです。『論語』の第十一篇に、やはり「弟子トップ10」が掲げられています。ただし、この十人を選んだのが孔子当人なのかどうかは、解りません。

この十人は、それぞれ得意ジャンルによって四グループに分けられていて、「孔門の四科十哲」と呼ばれます。

「徳行」つまり人間性の優れた者として、顔淵《がんえん》（顔回《がんかい》）、閔子騫《びんしけん》、冉伯牛《ぜんはくぎゅう》、仲弓《ちゅうきゅう》。「言語」つまり交渉話術に長《た》けた者として、宰我《さいが》、子貢《しこう》。「政事」つまり政治力のある者として、冉有《ぜんゆう》、季《き》路《ろ》（子路《しろ》）。「文学」つまり古典の教養が深い者として、子游《しゆう》、子夏《しか》です。

もちろん、この十人以外にも優れた人材は、たくさんいました。たとえば、第十九篇のタイトルにもなっている子張《しちょう》などは、十哲に数えられていません。

十哲は『論語』によく登場します。中でもよく出てくるのが子路と顔回です。顔回は、父親ともども父子二代で孔子の弟子でした。若くして亡くなりましたが、孔子がもっとも将来に期待を寄せていた人材です。孔子には実の息子がいましたが、彼は、学問上の後継者は顔回と決めていたようです。

子路は、弟子群の中でも最年長格で、ある意味、孔子にもっとも可愛がられた弟子です。『論語』にも、愛嬌あるキャラクターとして登場します。

また、第十一篇には、子夏や子貢の言葉が多く記されています。とくに、子貢が他人から「師匠の孔子以上だ」と誉められて謙遜するエピソードなどもあり、孔子亡き後、彼が孔子の学問上の後継者として世間に高く評価されていたことが、うかがえます。

孔子の息子も孔子の弟子でした。しかし、さすがは孔子で、息子をいっさい特別扱いしなかったそうです。

第十三篇『子路《しろ》』

当たり前を忘れない

人は「君子」となった後、その「君子」の心と力をもって、人々に尽くさねばならぬ。その働き方は、色々とあろう。

わしの場合は、やはり政《まつりごと》に携《たずさ》わって、人々の暮らしを「礼《れい》」に則《のっと》った幸福なものへと導きたい。それが願いであった。

弟子たちもまた、多くがそれを〝おのれの人生の目標〟としておった。それで、弟子たちからは、政についてよく問われた。

子路《しろ》にも聞かれたことがある。

「先生。政治に心掛けるべきは、ズバリ何でしょう」とな。

わしは、答えたよ。

「おぬしに教える政の心掛けは、二つある。

一つには、万事に、民に率先してまず自らが動くこと。そして二つには、常に民をいたわること」

わしがこれだけ言って子路の顔をのぞき込むと、案の定、子路はキョトンとしておった。

「エー……と、あの……、もう少し何か。その……プラス・アルファと言うか……」

わしの答が簡単過ぎたので、かえってピンと来なかったのじゃろう。

「うむ。あと一つ、おぬしに対して付け加えるならな。『常に怠《おこた》るな』。この一言じゃな。

要するに、飽きるな。サボるな。それだけじゃ」

ここで子路は、わしの言わんとすることが解ったらしい。「はい。肝に銘じます」と、真剣な眼差しとなった。

子路は長年学び、仕官の経験もある。政の実務的なノウハウはすでに身に付けておる。「手取り足取り教えねばならない」といったレベルは、すでに〝卒業〟しておる。あとは「民の先に立って、民をいたわる」といった〝当たり前の心構え〟を、常に忘れんことだけじゃ。

ところが、この「当たり前を忘れない」というのが、人によっては難しい。

とくに子路のように勇敢で万事に勢いのある男は、初めの意気込みこそ盛んでも、その意気込みが長続きせんパターンが多い。いきなり猛ダッシュで走り始めると、かえってバテるのが早くなるようなものじゃ。

政とは、民の〝日常を守る〟こと。日常は、毎日毎日いつまでもいつまでも続く。それを、いつまでも守り続ける持続力が、政には重要なのじゃ。

そのためには〝辛抱強さ〟が要《い》る。飽きずサボらず、コツコツと続けられる精神力じゃな。

わしは子路に、そこを解らせたかったというわけじゃ。

民は正しき人を求める

政を行なう者、上に立つ者の中には、大きな勘違いをしておる者が、わりといる。

それはな。民の言動に目を光らせて、これを誤らせぬよう監視するのが第一の役目だと、思っておる者じゃ。

確かに、それも大切な役目には違いない。だが、順序が違う。政治家やリーダーに第一番に必要なのは、「民を見張る目」ではない。「おのれを見張る目」じゃ。

上に立つ者は、まずおのれ自身の立ち居振る舞い、発する言葉を律せよ。おのれのすること言うことが常に正しくあるよう、細心の注意を払え。他人を傷つけぬように、神や先祖に恥ずかしくないように、常におのれを戒《いまし》めておらねばならぬ。それが十分にできさえすれば、「民を見張る目」など要らなくなってくる。何故なら民は、上に立つ者が正しくあれば、自然とこれを敬《うやま》う。命令や罰則などなくても、自発的に国の運営に協力してくれる。

もちろん逆もまた真なりじゃ。上に立つ者正しからざれば、これを軽蔑する。どんなに強制的な命令でも、決して聞いてくれぬ。

民はまず、正しき人を求めるのじゃ。そのうえで、正しき命令を認める。

正しからざる者は、何をしても民に支持されぬ。

良い政治とは民が集まる政治

わしも歳を取ってから、故国の政に携わり、それなりの仕事をさせてもらった。その評判を聞いて、わしに政のアドバイスを求めてくる政治家たちも、いた。

「楚《そ》」という国があってな。そこの「大夫《たいふ》」に就いていた葉公《しょうこう》という者から、「良き国政とは何か」を聞かれたことがある。

「楚」は富国強兵策に積極的な国であった。その分、軍事力を強めるため民の暮らしにしわ寄せが多かった国じゃ。

わしは、こう言ってやった。

「良い政治が行なわれますと、統治される民は喜び、その国より離れたがらなくなります。遠くでその評判を聞きつけた他国の民は、その国の民となりたくて、集まってきます。したがって、良い政治は民を増やします。

民が多い政治、すなわち良き政治です」となる。

人が集まってくるというのは、それだけで大きな価値のある証拠なのじゃ。無論、それだけが正しいとは言いきれん。しかし「多数の民の支持」というものを〝ないがしろ〟にする者に、人の上に立つ資格はない。

法を絶対視する態度は「仁」ではない

そう言えば、葉公と会った時にこんな問答もしたよ。

葉公が、出身地の自慢話を色々とわしに聞かせたのじゃが、その中で、こんな話題を出したのじゃ。

「私も村の出ですがね。この村に、じつに感心な男がおります。『正直者の躬《きゅう》』などと呼ばれておりましてな。この者は、実の父親が不埒《ふらち》にも羊泥棒を働いた時に、お上《かみ》に出頭して、父親の罪を証言しました。まこと正義感にあふれた感心な者です。

私としても、こんな男が村にいるのは鼻が高いですよ」

葉公は、実際じつに偉そうにフン反り返って、この話をわしに聞かせた。皆は、どう思うかの。わしは、ちっとも感心せんかった。わしの思うところを、はっきりと訴えた。

「その男、私の村で『正直者』と誉《ほ》められるタイプとは、違うようですな。私の村の人間なら、子は父親の悪事をかばって隠し、父親は子の悪事をかばって隠します。そういう者をして『正直だ』と誉めてやりますな。本来、親と子は情において強く結びつき、互いを深く思いやります。その絆《きずな》は、法に基づく正義よりも、ずっと強い。その強い絆に、我が身の処し方を素直に従わせる。それこそが、まことの『正直』というものでございます」

案の定、葉公の顔色が変わった。この時わしに向けた鋭い非難の目は、忘れぬ。侮蔑《ぶべつ》の色さえ、その目にはうかがわれた。

もちろん、そうした目で見られることは百も承知じゃった。だが、わしは間違っておらぬ。

情愛を否定し、法を絶対視する。そんな態度は「仁《じん》」ではない。「君子」の心ではない。

わしは何度も言ってきたな。「仁」の根幹は〝思いやり〟じゃ、と。人の世の平和は、上の立場の者と下の立場の者が互いに思いやることから、全てが始まる。

父親の罪を、子が暴《あば》く。そんなこと、子が心から願ってやるわけがない。その子は、我が心に嘘をついておる。法の厳しさや周囲の目を恐れるあまり、父を慕う我が心を偽《いつわ》ってしまったのじゃ。

逆に言えば、その子を、そんな嘘をつかせるまでに追いつめた。それほどに「楚」の国の法は過酷なのじゃ。民に嘘をつかせて築いた国の安定なんぞ、何の意味があるか。そんな国の民は、決して本当の喜びを見出せぬ。

すなわち、じゃ。人が人を思いやる気持ちを素直に発揮する。そうやって保たれる平和。それを目指すのが「君子」の態度というものじゃ。世の秩序とは、人の愛の上に成り立つものでなければならぬ。

思いやりと媚び

ところで、ここの皆は解ってくれていると思うが、「仁」の根幹たる〝思いやりの心〟について、勘違いしておる者が時々いるようじゃ。

思いやりと、相手に媚《こ》びへつらうことを、履き違えている者じゃ。

「君子」は、他人と打ち解け合うよう努める。そして、相手の信頼すべき点を見出し、相手と良きパートナーとなる。だが、だからと言って、簡単に相手の調子に合わせたり相手をおだてたりは、せぬ。

愚かな者は、その逆をやる。ただ相手をおだて、媚びを売って、その場の雰囲気に便乗するだけじゃ。相手と心を通わせる努力など、本気でやろうとせぬ。

そんな対応が決して〝本当の思いやり〟から出ておらぬのは、皆なら解るじゃろう。

言い換えるなら、正しき世の平和と、ただ〝波風を立たせないだけ〟の偽りの平和。その違いを解らぬのが、愚か者じゃ。

偽りは、いつか必ず〝化けの皮〟がはがれる。そうした者はその時になってようやく、おのれの愚かさに気づくじゃろうて。

第十四篇『憲《けん》問《もん》』

言葉と態度の落とし穴

人が誰しも納得できる正義。これをして「徳《とく》」と言う。前にも述べたことじゃな。

言い換えるなら、人は誰しも心の奥に本来「徳」を備えておる。だからこそ「徳」に納得し、政《まつりごと》の「徳」の実践を喜ぶ。

しかし、じゃ。おのれの本来持つ「徳」を、はっきりと外に示して言動に生かせる人というのは、意外と少ない。人はたいてい、我が「徳」に従うより先に、ついつい〝私利私欲の誘惑〟に負けてしまう。「何が正義か」を解っておっても、それとは逆の〝欲を満たす快楽〟のほうへ、なびいてしまうのじゃ。

したがって「徳のある人」とは、この〝甘美な欲の誘惑〟に打ち勝って正義を行なう者じゃ。じつに強い心を持った人と言える。

だから「徳のある人」の発する言葉には、いつもズッシリした重みがある。誰が聞いても「ああ、そうだ。それこそ正義だ」と、大いにうなずける感動がある。ところが、の。ここに一つ〝落とし穴〟があるのじゃ。

言葉とは不思議なものでの。美しい単語を並べて飾りたてると、それだけで妙に〝説得力があるような感じ〟になる。たいして中身がなくとも、あたかも「良い言葉」であるかのような雰囲気が出てしまう。

したがって、「徳のある人」は必ず「良い言葉」を発する。しかし「良い言葉かのような言葉」を発する人が必ずしも「徳のある人」とは、限らぬのじゃ。

同じようなことが「仁《じん》に至った人」にも、言える。

まこと「仁に至った人」とは、勇敢なものじゃ。

腕っぷしが強いか弱いかなどは、問題ではない。「仁」に至ると、おのれの言動がすべからく「私利私欲に惑わされぬ正しきもの」だという自信が漲《みなぎ》る。だから、何に対しても堂々と勇気をもって当たれる。

ところが、な。「勇敢さ」と「獰猛《どうもう》さ」というのが、傍《はた》から見ると、時として同じようなものに見えてしまう。

「獰猛さ」とは、おのれの腕力を頼りに、私利私欲を満たそうとゴリ押ししてくる態度じゃ。「仁」のもたらす「勇敢さ」とは、まるで逆じゃ。ところが、この二つが、ちょっと見ると見分けのつかん場合がある。両者とも強いパワーがあるからの。

したがって、「仁に至った人」は必ず勇敢となる。しかし「勇敢に見える人」が必ずしも「仁に至った人」とは限らぬのじゃ。

正義は命令より尊い

憲問《けんもん》という弟子がおってな。若かったが、とにかく清らかな男であった。元から欲が少ないと言うか、妙に〝カネ儲けを毛嫌い〟するところがあっての。仕官しても高い給料をもらうのを、嫌がったりした。

それでいて、事務のスキルの高い男であった。デスクワークをやらすと何でもテキパキとこなす。わしは故国でお勤めしておった時に、この憲問に秘書をやってもらったことがある。案の定、高給を払ってやったら嫌がったがの。

その頃だったかのォ。憲問に、こんなことを聞かれたよ。

「先生。『恥』とは何でしょう」とな。

わしは、答えたよ。

「おぬしのことじゃから、仕官をして高い給料をもらうことが『恥』かのように感じてしまうのじゃろう。

大きな間違いじゃぞ。

国が正しく、上司が『徳』の実践を行なっているなら、その下で働いて給料をいただくのは、大いによろしい。給料が高ければ高いほど喜ぶがよい。それだけ、おのれの働きが『徳』に結びつく成果を上げたという証拠なのじゃから。

『恥』とはな。国に正義なく上司の命令に『徳』がないと解っていながら、これに従って働き、給料をもらうことじゃ。すなわち、カネのために〝悪しき行ないに荷《か》担《たん》する〟ことじゃ。

そうしておいて『上からの命令だから仕方なく従いました』などと言い訳するのが、もっとも恥ずべきことじゃ。

だから、憲問よ。おぬしは、大いに給料を受け取ってよいのじゃよ」となぁ。

人は、雇われるからには上の命令に従わねばならぬ。しかし、正義は命令より尊い。この順序を忘れてはならぬ。

マァ、言うまでもないことじゃがの。

正義は身分より尊い

ああ、そう言えば、仕官の心構えについては、子路《しろ》にも聞かれたことがあったな。

「先生。仕官の心構えというのを、一つズバリとお教えください」とな。

確か、わしの晩年の頃で、子路の「衛《えい》」の国への仕官が決まった時期じゃったと思う。はなむけの言葉を、子路がねだってきたわけじゃ。

わしは答えた。

「うむ。簡単なことじゃ。上司を騙《だま》すな。そして諫《いさ》めよ。と、この二つじゃな」

すると子路はニヤッと笑って、

「はァ、つまりは『正直に振る舞って嫌われろ』ということですな」と、言った。

「さすがに、解っておるの」と、わしもつい笑ってしまった。

仕えるからには、上の者に対して嘘があってはならぬ。誠実に真面目に仕事をせよ。しかし、もし上司が過ちを犯していたなら、これを見過ごしてはならぬ。上司の機嫌を損ねようと、怒りを買おうと、その過ちを正すよう進言せねばならぬ。

正義は、身分の上下より尊い。この順序を忘れてはならぬ。

マァ、これもまた、言うまでもないことじゃったかの。

羨ましくても、「ああはなりたくない」生き方

ところで、「衛」国は、わしも以前に滞在したことがある。例の十四年間の放浪生活の初めの頃じゃったかな。

その時の思い出話を、一つ話して進ぜようか。

わしが音楽好きであることは、解ってくれておろう。音楽の話題は前にも出したからの。

それでな、「衛」におった頃、わしが滞在先の部屋で楽器の演奏をしておったのじゃ。わしは音楽を聞くのも好きじゃが、自ら奏《かな》でるのも好きでな。幾つかの楽器演奏はなかなかの腕前じゃと、じつはちょっと自惚《うぬぼ》れておるのじゃよ。

その時、奏でておったのは「磬《へい》」という打楽器じゃ。平らな棒状にした石を、ちょうど皆の国の文字の「へ」の字型に曲げた形になっておっての。叩くと、軽やかな良い音色が響く。そのうち機会があったら、皆にも聞いてもらいたいの。

それで、わしがこれを打ち鳴らしておる時、門前を通った一人の男が、これを耳にした。ああ、わしが実際見たわけではない。たまたま外におった弟子が、後から知らせてくれた話じゃ。その弟子が誰だったか……。済まぬ。ちょっと失念した。

その男は、畑仕事か何かに行く途中だったのか、ドロに汚れたカゴを担《かつ》いだ貧しい身なりだったという。だが、たたずまいに飄然《ひょうぜん》とした余裕が感ぜられる人物だったらしい。

彼は門前に立って、しばらく黙ってわしの演奏を聞いていたそうじゃ。そして、そばにいたわしの弟子に、こう話しかけてきたそうじゃよ。

「良い音色だな。巧みな奏者だ。それでいて、悩み多き奏者だろう。音に、この世の乱れを嘆くかのような憂《うれ》いが感じられるよ」とな。

そしてまた、しばらく聞き入っていたそうじゃ。ところが次には、大いにバカにしたような目つきをして、「フン」と蔑《さげす》みの笑いを一つもらしたそうじゃ。

「良い音色ではあるがな。下品な音色だね。演奏にゆとりがない。ゴチゴチした響きだ」

こう言うと彼は、そばに立っていたわしの弟子に顔を向けた。そして、さらに言葉を継いだそうじゃ。

「お前さん、この奏者の知り合いかね。だったら、わしの言葉を伝えてやりな。『この演奏には、奏者の〝物欲しげ〟なガツガツした卑《いや》しさがあふれている』とな。

乱れた世を憂えて、それで世を正したいとでも、思っているんだろう。ところが働き場がない。それで焦っている。その焦りが音色に露骨に出ている。『誰か俺のことを解ってくれ。俺の価値に気づいてくれ。俺に働き場を与えてくれ』とな。

何とも哀れなものよ。

働き場がないならないで、どうしてスパッとあきらめられんものかね。『ないものは仕方ない』と納得して、悠然と構える。それが人生の平穏に結びつくと、解らんのかね。

昔の詩にも、こうある。『渡る河が浅ければ、裾をまくって渡るがよい。渡る河が深ければ、あきらめて飛び込んでズブ濡れになるがよい』とな。

乱れた世の中を嘆くより、そんな世の中をあるがままに受け入れるのが、賢い生き方なんだよ」

こう言い捨てて、その男は去っていったそうじゃ。

わしは後から、事の顚末《てんまつ》を聞いた。伝えてきた弟子は、わしに気遣ったのじゃろう、何ともバツの悪そうな顔をしておったよ。

わしは、こう述べた。

「よく見抜かれたものじゃ。たいした人物と見受けられる。まさに言うとおりじゃ。

それに、ずいぶんとサッパリした人物だの。そう万事にあきらめがつけば、穏やかに生きられよう。結構な人生観ではないか」とな。

そして、こう続けた。

「だが、そういう生き方は難しくはない。簡単じゃ。そんな生き方を選ぶことが特別に偉いこととは言えぬよ。

世を正しくしたい。なかなか叶《かな》わぬその願いに日々悶々《もんもん》として、もがきあがく。わしは賢くなくとも、そちらの生き方を選ぶ」

そしてわしは、弟子に問うた。

「おぬしは、その人物が羨《うらや》ましいか」

弟子はやや躊躇《ちゅうちょ》したが、小さくこう答えた。

「はい。少しだけ羨ましいです。羨ましいですが、ああはなりたくありません」

わしも、こう言った。

「わしもじゃ」となる。そして二人で、少しだけ笑みを交わした。

この思い出話、皆それぞれがどう感じてくれたか。それは聞かぬでも、よかろう。

マァ、そんなことがあった、という話じゃ。

第十五篇『衛霊公《えいれいこう》』

霊公の求めた知恵

わしの生きた時代は、乱世でな。例の十四年間の放浪中も、戦《いくさ》の真っ最中だった国や隣国と臨戦態勢に入っていた国を、色々と回った。今思い返しても、物騒な旅じゃったな。

それで、「衛《えい》」国に入った時のことじゃ。

この時の君主は「霊公《れいこう》」であった。ああ、この方は、後に子路《しろ》が「衛」に仕官した時の君主ではないぞ。もっと前の人じゃ。

旅の途中、わしらは、この「霊公」から招きを受けて城へ連れていかれたのじゃ。嫌な予感がしたがの。いきなり断るのも失礼じゃから、同行の弟子とともども出向いたよ。

案の定じゃったな。霊公はわしに、戦の陣立てについてアドバイスを求めてきた。

「お手前は、何でもよく知っておる学者だそうな。一つ、我が軍の力を今以上に強くする秘訣を、教えてくれぬか」とな。

隣国と一戦《ひといくさ》やる気だったのか。国内の乱れを軍事力で強引に収めようと思っておったのか。いずれにせよ、「仁《じん》」をもって国を治める気のないのはミエミエじゃったな。

わしは恭《うやうや》しく頭を下げて、こう答えた。

「私は『礼《れい》』を学び、これを広める者にございます。神や先祖を祭るための祭具の並べ方は心得ております。ですが、戦場での兵の並べ方は、全く心得がございません。お役に立てぬと存じます」とな。

霊公は、わしを蔑《さげす》んだ目で見下して、

「フン。天下の知恵者と聞く『孔子』も、噂ほどではないの」

と、吐き捨てるように言った。そして、わしらをサッサと城から追い出した。わしらはすぐに「衛」国を後にした。もう、一日とて滞在したくなかったでな。

わしとて、本当に乱世を収めるための戦ならば、それは認めよう。その戦で兵の犠牲を少しでも減らし、民の負担を少しでも軽くするためなら、わしのできる限りの知恵は出そう。

だが、霊公の求めてきた知恵は、そういうものではなかった。戦にも、な。「仁」がある。「徳《とく》」の実践がある。それを解らぬ君主は、どれほど立派な軍を率いておろうと〝ただの殺戮者《さつりく》〟に過ぎぬ。

「君子」も飢える時は飢える

それで、「衛」国を後にしてから、また諸国を歩き回って、やがて「陳《ちん》」という小国に入った時のことじゃ。

タイミングが悪かったな。この時の「陳」は戦の真っ最中じゃった。あの頃の新興国だった「呉《ご》」とモメておっての。国内は乱れ、どこの村も戦のおかげで困窮しておった。

そんな所に、わしらのような外国人の集団がウロウロしておっても、誰も助けてはくれぬ。当然の話じゃ。

とうとう食糧が尽きてしまってな。八方手を尽くしたが、どこからも分けてもらえぬ。わしら一行は飢え死に寸前まで追いつめられて、岩山の陰でへタり込んでしまった。

皆、すっかり衰弱して一歩も動けなんだ。もちろん、わしもじゃ。食えないというのは本当に辛《つら》い。誰もがすっかり意気消沈して、絶望感にさいなまれておった。

誰も何も言わんかったがな。正直わしは、ヒシヒシと感じておったよ。この時の弟子たちの辛さを。それは、思い詰めたあまりの〝わしへの不満〟にさえなりつつあった。

「『衛』の霊公に招かれた時、先生が少しぐらいオベッカを使って霊公に取り入ってくれていれば、少なくともここまで酷《ひど》い状況に追いつめられはしなかったろうに……」とな。

わしも「もっともだ」と思った。弟子たちが不憫《ふびん》で、モンクの一つもぶつけられたほうが、まだ気がラクじゃった。

この時な。子路が一人、激しい口調でこう詰め寄ってきた。

「先生。先生は『君子』であります。私らも先生に学び、『君子』を目指して精進しております。この旅も、先生が『君子』なればこその選択であります。ならば先生。何故《なにゆえ》に『君子』である先生が、ここまで落ちぶれて飢えに苦しむのですか。『君子』は『天』に守られているのではないのですか。『天』に守られているはずの『君子』が飢えるとは、合点がいきません。『君子』に〝飢えの運命〟などないはずなのでは、ありませんか!?」

子路は、ここまでキッパリ言いきると、わしを厳しい目で見つめた。わしの答をジッと待っておった。わしは、すぐにこう答えた。

「子路よ。そして皆よ。よく聞け。『君子』とて、飢える時は飢える。『君子』とは『天』から〝特別待遇〟を与えられるものではない。そんな〝特権〟を期待するのは、そもそもが『君子』の心得ではない。

だが、な。飢えに見舞われた時に、どうするか。その対応に『君子』と愚かな人間との差がある。

『君子』は、いかに飢えようと『仁』を忘れず『人の道』を外《はず》れない。愚かな人間は、それができぬ。飢えに追いつめられれば、おのれだけが助かろうとし、取り乱して、正しき心を失う。どんな悪事にも手を出す。これこそが、人が本当に『落ちぶれた』ということじゃ。

『天』は、それを見届けようとされるのじゃ。苦しみに追いつめられた者が、本当の『君子』か。それとも、しょせんは『君子』ぶっていただけの愚かな者なのか。それを見極めるため、試練を与えてくるのじゃ」

子路は大きくうなずいた。そして振り返ると、後ろに控えていたほかの弟子たちに向かって、また大きくうなずいた。皆も、わしと子路のほうに頭を下げた。

子路は、皆がわしに言いづらかった本音を代弁する〝汚れ役〟を、引き受けてくれたのじゃ。そして、わしに言わせたかったのじゃろう。皆に、聞かせてやってほしかったのじゃろう。

苦しみの極に達した時にこそ「君子」の真価が解る、ということを、な。

ああ、それで、この後どうなったか、じゃがな。

わしらのピンチを伝え聞いた「楚《そ》」の国から救援が来てくれての。「楚」の「昭《しょう》王《おう》」がわしの名を知っていてくれて、助けを寄こしてくださったのじゃ。本当に危機一髪じゃったがな。何とかわしら一行は命を取り留められて、また旅を続けられた。

「天に守られる」というのは、決して、幸運が続くだの、何もせんでも不幸を避けられるだのと、そんな都合のよいものではない。「天」とは人に試練を与え、大いなる苦しみを与えるものじゃ。

その試練に挑む決意がこちらになければ、そもそも「天」は守ってくれぬ。

君子の決意とは何か

そうじゃ。そして「天」は、「君子」が無念の死を迎える時でさえ、これを黙って見過ごすことがある。

だから、顔回《がんかい》も若くして死んだし、伯牛《はくぎゅう》も死んだ。子路も、仕官先の戦乱に巻き込まれて非業の死を遂げた。

だが、いかに無念の最期を迎えようと、人は最後の最後の瞬間まで「君子」であらねばならぬ。「君子」を目指さねばならぬ。

「君子」は「徳」を実践する。すなわち〝正義の行ない〟をする。それが、悪人のねたみを買ったり人々の誤解を生んだりして〝自らの災い〟へとつながったとしても、後悔はせぬ。我が身を守るためだけに「仁」を捨てることは、絶対にない。

それが、たとえ命にかかわるほどの災いであってもじゃ。本当の「君子」なら「仁」を貫くため、あえて自ら死を選ぶ場合さえある。それだけの覚悟が、ある。

勘違いせんでほしい。「命を軽んずる」ということではないぞ。

人の命はな、この世でもっとも大切じゃ。そして「仁」の根幹は〝思いやり〟じゃ。だから、おのれ以外の者の命を守るために必要なら、おのれの命のほうを犠牲にするのじゃ。

それが「君子」の決意というものじゃ。

「天」は、その決意を見ている。顔回も、無念の死を遂げたほかの多くのわしの弟子たちも、皆その決意を最期まで捨てなかった。くやし涙を流しても、後悔の涙は流さなかった。

皆、本当に良く生きてくれた。

「仁」に至るコツ

ところで、皆も「君子を目指せ。仁を身に付けよ」と、わしにシツコク言われて、

「だったら、実際に何をどうすればよいのか〝具体的なアドバイス〟をもっと色々と寄こせ」と、言いたいところじゃろう。

その点も、これまでに幾つか話してきたつもりだがの。弟子の子貢《しこう》に教えたアドバイスを、今ちょっと思い出したから、それもここで話しておこう。

子貢が、聞いてきたのじゃよ。

「先生。『仁』を身に付けるのに良いコツなどは、ないでしょうか」とな。

子貢は、本当に切れ者でな。若いのに、カネ儲けもうまかった。「人の道」を問う時に「コツ」などといった単語を使うのも、いかにも子貢らしい。わしは、思わずちょっと笑ってしまった。

だが、そんな子貢を批判する気は、わしにはないぞ。カネ儲けも大いに結構。それもまた才能じゃ。儲けたカネを「仁」を身に付けるため使うのなら、それはそれで、じつに良いことじゃ。

そこでわしは、こう答えた。

「大工や職人は、良い品を作るためには、まず良い道具を揃える。腕の良い職人ほ

ど、良い道具に出すカネは惜しまぬ。

『仁』に至る努力も、同じようなものじゃ。

おのれの心を磨き『仁』を身に付けるのに役立つ〝良き道具〟を、得る。そのためには、手間隙《てまひま》を惜しまぬことじゃ。

そして、その〝良き道具〟とは人じゃ。

勘違いするなよ。『人を自分に都合よく利用しろ』ということではないぞ。

むしろ、その逆じゃ。人に尽くし、人のために努める。それを、『我が仁を磨かせてもらっているのだ。我が仁のため、この人たちに役立ってもらっているのだ』と、感謝の念を持ちながら行なう。これをして『人を道具として使う』と、わしはたとえたわけじゃ。

したがって、職人が〝良い道具〟を求めるように、〝良い人〟を、まず求めねばならぬ。『尽くし甲斐のある人』『我が努力を捧げる価値のある人』を、探し出さねばならぬ。

すなわち、その相手もまた『徳を実践する人』でなければ、ならぬ。

仕官するに当たっては、そういう上司を求めて仕官先を探せ。付き合う友にあっては、そういう人物を見つけて、友情を結べ。

要するに、おのれに関わる人物を得る時に、良い人を探す手間隙を惜しまないこと。それが『仁』に至るコツじゃよ」

子貢は「なるほど」と、大いに納得した様子じゃった。

子貢はカネ儲けはうまかったが、決してケチではなかった。世のためにカネを役立てることを、よく知っておった。

立派な男じゃったよ。

第十六篇『季《き》氏《し》』

「民の声」は「天の声」に通じる

前にも述べたことじゃがのォ……。

人の世とは「正しき上下関係」が保たれて初めて、安定を見る。平和になる。誰もが日々を無事に送れる。

その日々の無事あればこそ、誰もが、おのれの人生を楽しく実りあるものとできる。「君子」を目指して日々精進できる。

だから「正しき上下関係」は、全ての人の人生に必要なのじゃ。守られねばならぬのじゃ。

人の世を統括し、人の世全てを治めておられる御方が「天子」様じゃ。いわば「地上全てを支配する権利と責務」を「天」より授かって、「全人類の頂点」に立たれている御方じゃ。

その下に、各国を統《す》べる国王たる「諸侯」がいる。諸侯をサポートする大臣たる「大夫《たいふ》」が、またその下にいる。そして、その下に、民をまとめる官僚たる「士《し》」がいる。

この上下関係がガッチリと守られること。それぞれの身分の者が、それぞれの立場をわきまえ、上は敬《うやま》い、下は慈《いつく》しむこと。それが〝絶対の正義〟じゃ。その正義が保たれればこそ、人類は永遠に平和を享受できる。子々孫々、ずっとずっと遠い未来まで平和が保障される。

ところが、わしの生きた時代は、その正義が揺らいでおった。

アッチでもコッチでも、下の者が身分をわきまえず、上の者に刃向かう。だから、地上のどこでも戦乱だらけじゃ。いわゆる「下剋上《げこくじょう》」の時代じゃ。わしは〝人類の一員〟として、そんな世をずっと嘆いておった。

人の世が正しくあれば、民への命令は「天子の名」をもって下される。それが当然の話じゃろう。「天子の名」が関わらぬ命令など、存在そのものが誤りじゃ。内容なんか二の次じゃ。

民への命令が「諸侯の名」をもって下されるようになったら、そんな政権は、存在そのものが「天」に反する。したがって、遠からず必ず滅ぶ。きっと十代も続かぬ。

ましてや、民への命令が「大夫の名」をもって下されたりしたら、そんな政権は、せいぜい五代も続くのが関の山じゃ。

さらに、その下の「士や家来どもの名」で命令が下るようになったら、もうオシマイじゃ。そんな政権、三代と続かぬ。

人の世は、そういうふうに〝元々できあがって〟おる。「天」は、常に人の世を見つめ、過ちは必ず正すものなのじゃ。

いや。「天」だけではない。

人の世が正しくあるかどうか。それを常に監視しているのは、ほかならぬ民たちじゃ。政《まつりごと》の過ちを見抜き、これに罰を与えるのは、ほかならぬ民たちじゃ。

「諸侯」でも「大夫」でも、民を治める者が、おのれの身分をわきまえ、おのれに課せられた上下関係を守ってこそ、民は安心して政治を任せてくれる。そうでない時は民はきっと不安になり、「諸侯」や「大夫」の政に非難の目を向ける。鋭く批判する。

すなわち「民の声」は「天の声」に通じるのじゃ。

これを忘れた者に、政に携《たずさ》わる資格はない。

「益となる友」と「害となる友」

ここで、ちょっとしたアイディアじゃがな。

題して「三つシリーズ」という教えを、ズラリと並べて進ぜよう。

「仁《じん》」に至るための教えを、ジャンルごとに三ポイントに、まとめてみたのじゃ。

我ながら、こいつは覚え易くてナイスな教えじゃと、思うぞ。

では、始めるからな。よく聞いておくれ。

エー……ッと、まずじゃな。「友」。

友のタイプには、付き合って「益《えき》となる友」が三つ、付き合って「害となる友」が三つ、ある。

「益となる友」の第一は、正直な友じゃ。

人は、付き合いが深まれば深まるほど、その付き合いにヒビが入るのを恐れる。すると、互いに互いの欠点や過ちに気づいても、それを黙っている。

だが、そんな黙認は、本当に友を思いやっての態度ではない。友の悪い点は、キッチリ指摘してやるべきじゃ。それで一時はムードがギクシャクしたとしても、結局はそれが友のためとなる。

こちらの過ちをハッキリ告げてくれる正直さ。これを備えた友こそ、大切にせよ。

「益となる友」の第二。誠実な友じゃ。

すなわち、何事によらず真面目に取り組む友じゃ。人の真面目さ、ひたむきさは、見ているだけで、こちらの心も励まされる。「よし！　俺だって」といった具合に、我が「仁」への道の励《はげ》みになるのじゃ。

「益となる友」の第三は、知識の豊富な友じゃ。

色々なことを知っている。会うたびに何か新しいことを教えてくれる。そんな友じゃ。

これはな、ただ単に「こちらの知識が増やせる」といったメリットだけが、大切なのではない。

色々知っている者とは、向学心があって日々学び続けている者じゃ。学ぶことは決してラクではない。苦労するものじゃ。すなわち、「知識豊富な者」イコール「日々苦労を背負って頑張っている者」じゃ。

そういう者の姿を見れば、心に良い刺激をもらえる。おのれの励みになる。

向学心のない者は、知識が限定されるから、何度会っても同じ話しかせぬ。そんな友と一緒におっても、おのれの進歩はない。いつまで経っても「仁」に至れぬ。

以上、三つの「益となる友」であった。

さて、お次は、この逆。「害となる友」じゃ。

第一は、体裁ばかり気にする友じゃ。要するに、世間に向かってカッコつけることばかり考える友じゃ。

「カッコよくあろう」とするのは、正しい。良い格好とは、すなわち「他人を不快にさせない格好」じゃ。その根底には、他人への思いやりが込められておる。だから、フォーマルな場での服装というものが「礼《れい》」できちんと定められておるのじゃ。

だけど、そればかりに拘《こだわ》る者は、ダメじゃ。要するに〝おのれの中身〟に自信がないから、格好だけやたら気にするのじゃ。そんな者と付き合っても、得るものはない。

第二は、やたら調子よくてオベッカばかり使ってくる友じゃ。

煽《おだ》てるばかりで、こちらの〝耳に痛いこと〟は言おうとしない。こちらに過ちがあっても、それを指摘してこない。

こういう者はな、しょせんは、こちらから何か儲けを引き出そうと、近づいてきているに過ぎぬ。つまりは「私利私欲」から〝友のふり〟をしているだけじゃ。

第三は、口先だけがうまくて、話の内容に何の教訓も見出せぬ友じゃ。

口先がうまい。話が上手。これは良きスキルじゃ。話上手は、聞く者を楽しくし、話を正確に伝えてくれる。

そもそも「話上手のスキル」は身に付けるのに努力が要《い》る。言葉を覚え、詩を学び、ボキャブラリーを豊富にせんと、話はうまくならぬ。そうした努力をコツコツ積み重ねた者は、立派じゃ。わしの弟子でも、たとえば子貢《しこう》などは、じつに話がうまい。

ところが、な。話上手の中には「おのれの口先のうまさ」に酔ってしまって、何の中身もない話をベラベラしゃべる者が、いる。そんな話は聞いておっても、ハッキリ言って時間の無駄じゃ。一人で書物を読んでいたほうが、よっぽど時間を有効に生かせる。

……と、マァ、こんなところかの。

友を大切にするのは「君子」の務めじゃ。しかし、それが〝大切にする価値のある友〟でなければ、意味がない。つまりは、そういうことじゃ。

「益になる楽しみ」と「害になる楽しみ」

さて、次の「三つシリーズ」は、と……。「楽しみ」じゃ。

人の暮らしには「楽しみ」がなければ、ならぬ。心をくつろがせる趣味がなければ、ならぬ。「楽しみ」がなければ、「苦しみ」に耐え「辛《つら》さ」を乗り越えることはできぬ。

ところが、やはり「楽しみ」にも、「益になる楽しみ」と「害になる楽しみ」があってな。「益になる楽しみ」は疲れた心をリフレッシュさせてくれるが、「害になる楽しみ」は、その時ばかりは楽しいように感ぜられても、じつは心をむしばんでいく。「仁」に向かう心を、かえってダメにしてしまうのじゃ。

「益となる楽しみ」の第一は、音楽じゃ。

ただし、これには条件がある。「礼」に則《のっと》って穏やかに音楽を楽しむことじゃ。解り易く言うとな、周囲に迷惑を掛けぬ適度なボリュームで音楽を楽しむことじゃ。

音楽のジャンルは、人それぞれ好みがある。それは、何でもよい。だが、やたらと大音響をガンガンさせるのは、いかん。大き過ぎる音を求めるのは、我が心に〝病〟のある証拠じゃ。無理矢理に音で心を埋め尽くして、おのれの心の過ちや汚れを隠そうとする行為なのじゃ。

だから、「礼」を守って適度に音楽を楽しむ。この姿勢が大切じゃ。心を〝健康〟にリフレッシュする、何よりの秘訣なのじゃ。

「益となる楽しみ」の第二は、噂話じゃ。もっとも、これも条件付きじゃ。話題とするのは「他人の善い行ない」についてでなければ、ならぬ。

特別に堅苦しい話をせよ、というのではない。世間に誉《ほ》めそやされる〝ご立派な行ない〟を語れ、というわけではない。マァ、言ってみれば、その人のおかげでちょっと良い気分になれた……と。そんな出来事の噂話を楽しむのじゃ。

そういう噂話は、話しても聞いても、気分が晴れやかになってくる。「俺も同じようなことをやってみたいもんだ」といった気持ちになって、おのれの進歩のきっかけにもなる。

本当に、ちょっとしたトピックでよいのじゃ。いわゆる「ちょっと良い話」じゃな。誰かを少しだけ幸せな気分にした。そんな出来事を気楽に語り合うのは、良い楽しみとなる。

ついでに言っておくと、「逆もまた真なり」でな。他人の悪事についてアレコレ噂話しても、心には益がないぞ。それから、他人の愚かさを話題にするのも、心のリフレッシュにはつながらぬ。

誰かをバカにして、おのれは優越感に浸る。そんな嫌らしい根性は、どうしたって「仁」に至るのに役に立たぬでな。

そして「益となる楽しみ」の第三は、良き友と一緒に過ごすことじゃ。

良き友とは何か。それは、先ほど説いたな。良き友と一緒にいると、それだけで、おのれの心に良い刺激をもらえる。どこにいようと、何をしようと、それは拘らなくてよい。良き友となら、ただ並んでボーッとしているだけでも、心を穏やかにしてもらえるのじゃ。

……と言ったところかの。

では、ここからは「害となる楽しみ」三つじゃな。

まず第一は、他人を批判し、他人をバカにし、それで優越感に浸る楽しみじゃ。これは、今しがた述べたな。

人の心には、誰しも〝嫌な部分〟があっての。誰しも、他人を蔑《さげす》んだり見下したりすると「愉快」と感じてしまう。しかし、そんな気持ちは「仁」からもっとも遠い。たとえるなら〝心の中のガン細胞〟みたいなものじゃ。〝心の健康〟にとって害にしかならぬ。

第二は、いつまでも我が家に帰らず過ごす楽しみじゃ。

具体的に何を楽しむかは、ここでは問題ではない。何につけ、ダラダラとやり続けて、止《や》めるに止められなくなる。あるいは、感情が激しく揺らいで、それしか目に入らぬほど熱中してしまう。ついには「我が家での日常生活」に支障を来《きた》してしまう。

――と、そうなったなら、それは「害となる楽しみ」なのじゃ。

「楽しみ」とは、日々の暮らしの疲れを癒《いや》すためにある。「仁」に向かって突き進む日々のパワーを、得るためにある。その肝心の日々をダメにしてしまっては、元も子もなかろう。

第三は、もっとも単純な話でな。誰が見たって「これはイカンだろう」とすぐ気づく楽しみじゃ。

それすなわち「酒と色」。酒食に耽《ふけ》り、異性との交わりに耽る楽しみじゃ。勘違いしては、いかん。「酒と色」を全面否定するわけではない。要するに「程度の問題」じゃよ。

このわしとて、酒も好きじゃし、女性も好きじゃ。旨《うま》い酒を飲み、女性のかぐわしい香りのそばにいれば、心がウキウキする。

マァ、それほどに「酒と色」は魅惑的じゃからな。ちょっとはまり込むと、たちまち「仁」の道を忘れてしまう。だからコイツを楽しむ時には、常に〝緊張感〟が要《い》る。楽しんでいる間いつでも〝適度なセーブ〟を心掛けていなければならぬ。

そうでないと、アッという間に、〝スペシャル・クラスの害になる楽しみ〟に堕《だ》してしまうというわけじゃ。

……と、「楽しみ」の「三つシリーズ」は、ここまでかの。皆もそれぞれ、おのれの趣味について、この「三つシリーズ」と照らし合わせてみてはいかがかな。

立派な人の前でやりがちなミス

「三つシリーズ」は、まだ続くぞ。お次は、「年長者や立派な人の前で、誰しもやってしまいがちのミス」というものじゃ。

人は意外に、尊敬する人やあこがれの人の前に出ると、つい調子に乗って失礼な態度を取ってしまう。そして後から「ああ、やっちまったァ！」と、自己嫌悪で落ち込んでしまう。こうしたミスは、だいたい次の三パターンじゃ。

第一は、まだ相手の話が終わっていないのに、シャシャリ出て勝手なことをしゃべり出してしまうミスじゃ。

敬う人やあこがれの人の前では、誰しも「この人に誉めてもらいたい」との願望が出る。この願望が強くなり過ぎて暴走すると、ベラベラと〝偉そうに〟下らぬ話をしゃべり出してしまう。当人は得意満面であるだけに、余計に愚かしい。いわば「そそっかしさから出るミス」じゃ。

第二は、第一とは逆の態度じゃ。話すべき時に黙りこくってしまうミスじゃ。

相手から意見を求められても、「私の意見なんか詰まらんです」などと変に遠慮して、口ごもってしまう。

「相手にバカにされたくない」と、恐れ過ぎてしまっているわけじゃ。だが、こうした態度を「謙虚」だの「奥ゆかしい」だのと〝綺麗な言葉〟で表すのは、間違いじゃ。これは、自分のメンツを守りたいだけの、ズルい態度じゃ。「おのれを隠そうとする姑息《こそく》さから出るミス」じゃ。

第三は、タイミングも場の雰囲気も気にせずに、言いたいことを好きなようにしゃべってしまうミスじゃ。

これは、相手が立派な人であればあるほど、やってしまいがちじゃ。立派な人は、不快や怒りを露骨に出さぬ。グッと我慢する。それだけに、こちらの言動が相手を怒らせても、それと気づきにくい。

つまり、うっかりと〝相手がカチンと来る〟言い方やタイミングで、しゃべってしまうわけじゃ。これでは、話の内容がどれほど良くても、台無しじゃ。場のムードが壊れ、せっかくの対話が無益になってしまう。

言ってみれば「場の空気を読まない愚かしさから出るミス」じゃ。

以上、この三つのミスについては、ふだんから心の隅に置いておくと、よいぞ。敬う人、あこがれの人と接する時、事前にこの心得があれば失敗せず、実り多き対話ができるじゃろうて。

年寄りほど身勝手で欲張り

もうイッチョ、行ってみようかの。

今度の「三つシリーズ」は、題して「年代別、君子の人生の三つの戒《いまし》め」じゃ。

人は、「君子」を目指し「君子」たらんとするならば、常に緊張感をもって、我が心を見つめていなければならぬ。人の心は、ちょっとした油断で、えてして「君子の道」を外《はず》れてしまう。そうならぬよう、とくに注意すべきことを、三つの年代に分けて指摘しておこう。

まず、若い時。

若い時とは、迷うもの。言ってみれば「血気の定まらぬ時代」じゃ。すなわち、我が「命のエネルギー」の〝ぶつけどころ・生かしどころ〟を、なかなか見つけられない。そのため「命のエネルギー」のほとばしりが、時として、おのれの手に負えなくなる。欲望が暴走しがちとなる。

となれば、どうしたって「男と女の情がらみ」で、道を踏み外し易くなる。

男女が互いを求め合うは、幾つになっても同じじゃ。情欲は、人の心にいつもある。が、若いうちはえてして、生かしどころの定まらぬエネルギーが、その方面へ激流のように流れ込んでいってしまう。これが困る。

だからこそ、若い時代はとくに強く意識して、我が情欲を戒めねばならぬ。我が情欲のコントロールを、自らに課さねばならぬ。

マァ、情欲のコントロールと言うても、大層な理屈ではない。要は、「君子」としての「仁」を忘れなければ、よい。「仁」すなわち〝相手への思いやり〟じゃ。男なら好いた女を思いやり、好いた女を傷つけぬよう心掛ける。そうすれば、自然と我が情欲に適度なブレーキをかけられるものじゃ。

そして、壮年の時。

この時代こそ「血気盛んな時代」と呼ぶべきじゃ。いわゆる「働き盛り」の時代じゃ。

おのれの個性、おのれのスキルを把握して、それに合った「人生の具体的な目的」を見出せる。一心不乱に挑んでいける。体力も、まだ衰えていない。毎日「俺はこうして頑張っているんだ」といった〝気持ちの張り〟があり、生きる手応えを感じられる。

だがそれだけに、えてして〝自信を持ち過ぎる傾向〟が出てくる。この点、身分や地位はあまり関係ない。たいていの者が壮年期には、それぞれの身分なりに、それぞれのポジションなりに、強い自信を持つ。あるいは、持ちたがる。

こうなると人は、我が主張、我が意見が絶対となってしまう。他人の言葉に本気で耳を傾けられなくなる。「結局は俺が正しいはずだ」といった〝思い込み〟が、心の奥底にデーンと居座ってしまう。

すると、「相手をとにかく屈服させてやりたい」といった攻撃性が大きくなる。

他人と和するより競《きそ》うことを求めがちになる。

したがってこの時代は、我が闘争心を戒めねばならぬ。他人とぶつかった時、本当にその対立は「仁」によっているのか。「徳《とく》」のためなのか。それとも、我が闘争心に駆られているだけなのか。よくよくおのれを見つめ直さねばならぬ。

最後が、老年の時。

この時代は「血気の衰えの時代」じゃ。肉体の衰えとともに「命のエネルギー」が弱まり、仕事でも何でも「ガムシャラにやろう」という気持ちが失せる。静かでゆったりした日々を求めるようになる。

その思い自体は、悪くない。年寄りが穏やかな暮らしを求めるのは、まさに〝歳相応の願い〟じゃ。ごくごく結構なことじゃ。

ところが、な。歳を取ると、心の中に〝結構でない気持ち〟まで芽生えてきがちなのじゃ。どういうことか。人は老いると欲張りになりがちなのじゃ。これが、いかん。

「命のエネルギー」が少ない分だけ、他人や世の中について考える余裕がなくなる。ただひたすら、おのれの平穏無事な日々だけが大切になってくる。

すると、「俺のカネは俺だけのものだ。俺だけのために使うんだ」といった、強欲さが激しく出てくるのじゃ。

こうした心情は、まだ若い者にはピンと来ぬじゃろう。「年寄りとは無欲なものだ」などと、とんだ誤解のイメージを抱いておる若者も、少なくないようじゃ。逆じゃ。年寄りほど身勝手で欲張りじゃ。そうなるのが〝自然の話〟なのじゃ。だから、老年にあって「君子」たらんとするならば、我が強欲さを戒めねばならぬ。おのれのカネへの拘りは、本当に必要だから拘っているのか。それとも、欲に駆られて必要以上にガメツくなっているのではないか。そこのところを常に自戒せねばならぬ。

……と、以上、「年代別、君子の人生の三つの戒め」じゃ。

人間誰しも、若い時代には悩み、働き盛りの時代には突っ走り、老いてからは自分勝手になる。だから「君子」は、生きている限り我が心を見つめ、おのれの反省点を見出さねばならぬ。

コラム 『論語』が読み継がれた歴史

『論語』が、中国文明の〝心の要《かなめ》〟となり、こんにちまでほぼ一貫して大切に読み継がれるに至った決定的きっかけは、やはり「漢」の時代、武帝の統治の頃（紀元前一世紀）に、儒教が「国教」として公認されたことでしょう。これ以降、中国では王朝が入れ替わっても、儒教を信奉する姿勢だけは、全く変わりませんでした。

無論、ごくたまに儒教批判を叫ぶ中国人知識人もいました。が、そうした声はたいてい世論の支持を得られず、葬《ほうむ》り去られるものでした。わりと現代に近い例で挙げると、二十世紀初め頃に中国の近代化のため必死に活動した魯迅《ろじん》なども、儒教を「悪《あ》しき封建時代の遺風」として、痛烈に批判していますが、やはり一般の人々にその声は受け入れられませんでした。

中国史にあって、ほとんど唯一〝国を挙げて儒教否定〟した例は、あの一九六六年から十年ほど続いた「文化大革命」の時ぐらいです。こんにちの中国では「文化大革命」は完全否定されていますから、つまり儒教は、二千年以上一貫して〝中国文明の正義〟であり続けているわけです。

そうしたわけで『論語』はずっと読

み継がれてきました。ですが、なにしろ『論語』は表現が簡潔過ぎて真意が伝わりづらい部分も多く、そのうえ、古代中国の歴史背景を踏まえないと意味の解らない点も、多々あります。そこで、『論語』の内容を分析、解説する注釈書が、色々と書かれてきました。これら『論語』の注釈書は、一万点は下るまいとも、言われています。

このうち、おもに「漢」の時代に書かれた注釈書群を「古注」と呼びます。対して、おもに十二世紀頃（「南宋《なんそう》」の時代）に書かれた注釈書群を「新注」と呼びます。

「新注」を書いた当時の学者たちのトップだったのが、あの朱子《しゅし》です。彼の『論語』研究は、おそろしく綿密で高度で、これ以降ずっと、儒教の〝正統的な解説〟として広く受け入れられています。いわゆる「朱子学」です。

もっとも「朱子学」は観念的・抽象的過ぎて、『論語』が本来持つ〝現実対処の教えとしてのリアリティ〟を損《そこ》ねています。「朱子学」に批判的な儒教研究も、かなり多いのです。

さらに、十九世紀頃（「清《しん》」の時代）にも、当時最新の古代研究を基にした注釈書が書かれています。

このように『論語』は、さまざまな時代に、その時代なりの読み方がなされ、常に〝新しい書物〟としてリニューアルされてきているのです。

第十七篇『陽貨《ようか》』

相手の罠に乗るしかない時もある

わしが、四十代後半の頃だったたな。

わしの壮年の時代じゃな。人生の目標はすでに定まり、日々の働きに、それなりの充実を得ていた時期じゃ。

……いや、済まぬ。嘘じゃ。今ひとつ充実しきっておらなんだ。

その頃のわしは、確かに人生の目標を定めていた。以前にも言うたな。わしの人生の目標。政《まつりごと》を通して人の世に「仁《じん》」を実現させること。当時のわしは、胸にその情熱をたぎらせておった。

自信もあった。チャンスさえあればきっと何か為し得るはずだ――と、そう思えていた。

しかし、現実は厳しかったよ。チャンスはまだめぐってきておらなんだ。故国は乱れておった。外国からも、仕官の誘いはなかった。正直に言おう。わしは悶々《もんもん》としておったよ。

もっとも傍目《はため》から見たら、そんなわしでも〝それなりに充実している男〟と映《うつ》っていたじゃろうて。慕ってくれる弟子が、すでに大分《だいぶん》いた。わしは、いわば「教師」として日々を忙しく過ごしていたからの。

そんなある日、な。わしのうっ積していた思いを見すかして、近づいてきた男が、あったのじゃ。

陽貨《ようか》という男じゃ。

当時の故国で、もっとも勢力のあった男での。はっきり言ってしまうと、この頃の我が故国「魯《ろ》」を事実上、支配していた男じゃ。

政治力はあったな。それなりに国をまとめる術《すべ》を心得ておった。民に下す命令も、さして無茶なものではなかった。

だが、な。それでも、この男は、国の支配者になってはいかん男だったのじゃ。何故なら、こいつは「大夫《たいふ》」の一家臣に過ぎぬ。すなわち、国の支配を任される身分ではない。

そうじゃ。こいつは、武力をもって強引に国の実権を握ったのじゃ。故国の反逆者だったのじゃ。

反逆者とは哀れなものよ。おのれ自身が「礼《れい》」を踏みにじり、周りを裏切り続けてきただけに、他人を信用したくても、できぬ。「今度は俺が裏切られるのではないか」と疑心暗鬼に駆られて、心の底ではいつもビクビクしておる。

それで、有能な家臣を〝カネの力〟で釣り上げたかったのじゃろう。このわしに目をつけてきおった。幾度となく、わしに会いたいと使いを寄こしてきた。

わしは、陽貨の使いが訪れるたび「礼」に則《のっと》って歓待した。そして必ず、丁重に断った。断じて直接の目通りは、しなかった。

すると、陽貨は大層な付け届けを、わしに寄こした。最上級のブタの蒸し焼き、まるまる一頭分じゃ。

これを「礼」の作法に則った丁重な包みで、きちんと贈ってきよった。門前払いしては、こちらが「礼」に反する。わしは受け取った。

受け取ったからには、感謝の意を「礼」に則って示さねばならぬ。挨拶に出向かねばならぬ。出向くからには会わねばならぬ。会うからには、話を聞かねばならぬ。

身も蓋もなく言ってしまえば、陽貨の〝罠〟に乗るしかなかった。

考えあぐねたわしは、弟子に頼んで事前に、陽貨が屋敷を空ける時間を調べてもらった。そして、陽貨が留守のタイミングを見計らって、挨拶に出かけた。留守を任されていた屋敷の者に頭を下げ、「礼」に則って謝意を伝えた。「なにとぞ、くれぐれもご主人様に宜《よろ》しくお伝えください」と、作法どおりの感謝の手紙を残して去った。

　これで一件落着……のはずじゃった。

「やれやれ、これで『礼』は守れた。わしの筋は通せた」

と、わしはホッとしながら家路を進む馬車に揺られていた。ところが、じゃ。これも「天」の計らいだったのじゃろうか。その帰り道で、わしの馬車と陽貨の馬車がバッタリ鉢合わせしてしまったのじゃ。

　陽貨は馬車から降りてきた。これを無視しては「礼」に反する。わしも降りた。二人は、通りの真ん中で相対《あい》した。

　陽貨は、確かに切れる男じゃった。屋敷の方角からやってきたわしを見て、瞬時にわしの行動を察したらしい。ニヤリと口元に少し笑いを見せた。その口が「逃がさぬ」とつぶやいたような気がした。

　しばらく両者無言じゃった。風の音だけが聞こえた。わしは仕官しておらんかったから、民の身分じゃ。身分は向こうが上じゃ。陽貨に何か問われれば、「礼」のうえから答えねばならぬ。

　陽貨は口を開いた。

「もっとそばによれ。わしは頭を下げ、一歩だけ近づいた。差しで話がしたい」

「我が国が誇る第一の知恵者よ。そなたに問う。我が国は乱れておる。そなたには、その乱れを収められる〝宝〟がある。政の知恵と才能がある。わしは、それをよく知っておる。

その〝宝〟を使わずして、国の乱れをそのままに放っておく。それが『仁』の道か。国に平和をもたらす政治力を持ちながら、何もせず傍観している。それが『徳』の行ないか」

わしは、答えざるを得ぬ。

「違います」

陽貨は、畳み掛けてきた。

「国の政を良くしたい。国を平和に導きたい。そなたは、そう願っておる。わしは、それをよく知っている。

だから、そなたにチャンスを与えようとしておる。チャンスが目の前にありながらそれを握ろうとせぬのが、知恵者か」

わしは、また答えざるを得ぬ。

「違います」

「時は、とめどなく流れる。時は待ってくれぬ。力ある者が何もせずに過ごしている間も、国の乱れは続く。

『仁』を知り、『徳』を行ないたいと願う知恵者よ。さァ、どうする」

わしは、陽貨の目を見た。誇らしげであった。真剣でもあった。わしへの侮蔑《ぶべつ》の色もあった。わしへの尊敬の色もあった。

わしは、まっすぐに顔を上げて、こう答えたよ。

「御意。いつの日か、あなた様にお仕えしましょう」

と、な。

……。

わしは承諾した。反逆者に手を貸すことを、じゃ。その場は、近い将来あらためて正式に出向くことだけを約束して、そのまま別れた。陽貨の馬車が屋敷のほうへと消えていくのを、わしはずっと見送った。

陽貨の言葉に、誤りはなかった。乱れた故国のために働くのは、まさしく「徳」じゃ。これを断るのは「仁」ではない。

わしは、決意したんじゃよ。陽貨に仕えよう。そして国を「仁」に導くべく、努めよう。

だが、な。物事には順番がある。その前に、仕えたらまずやるべきことがある。

誤った「礼」を正すことじゃ。それすなわち、「大夫」の家臣に過ぎぬ陽貨が、おのれの身分をわきまえ、おのれの専横を悔い改めて、国を国王に返すことじゃ。天子様の定めた正統な「魯」国の支配者に政権を返上することじゃ。

わしは陽貨に仕えたら、まず第一に、それを説得しようと決意した。主君の過ちを正すのは、家臣の務めじゃ。わしは陽貨の家臣となって、その務めを果たすつもりでおった。その後でなら、陽貨のために幾らでも働いてやろう――とな。

……で、実際どうなったかと言うとな。

結局わしが陽貨に仕えることは、なかった。

陽貨と仕官の約束を交わした日から二、三年ほど後だったかのォ。彼は、主人である「大夫」との戦いに敗れて、失脚して国外へ逃げてしまった。わしは、陽貨が惨めに落ちぶれていくのを、ずっと見ておった。

とはいえ、その「大夫」自身が、これまた国を牛耳《ぎゅうじ》ろうとしておった反逆者でな。我が故国の乱れは、それからも続いた。わしが、故国の乱れを正すため実際にお勤めできたのは、さらに数年後の話じゃ。

……と、いうわけでな。

四十代の頃のわしは「不惑《ふわく》」の年代と言いながら、現実には色々と悩みもあったよ。マァ、いずれにせよ、五十代になっても六十代になっても七十代になっても、すっかり落ち着けることは、なかったがな。

もし、じゃ。もし陽貨がずっと失脚せず、わしが本当に仕えたら、どうなっていたかのォ。わしは、説得に成功したかも知れぬ。あるいは失敗して、陽貨を怒らせ殺されたかも知れぬ。

人の運命はどうなるか、つくづく解らぬ。

だからこそ、信念だけは貫きたい。「仁」の道を自ら捨てることだけは、決してしたくないものじゃ。

コラム
日本人と『論語』

日本人は、儒教と『論語』を古代から知っていました。あの聖徳太子も、朝鮮から来た儒学者をブレーンとして雇っていました。

しかし、日本人が広く儒教を学び、『論語』に親しむようになるのは、ずっと時代が下って、江戸時代に入ってからです。それまでの日本での儒教は、一部の禅僧などに細々と学ばれていただけです。儒教と言えば「日本人の道徳」のイメージがありますけれど、それは江戸時代以降の話に過ぎません。

では何故、江戸時代になってから日本で儒教が急にクローズ・アップされ出したのでしょう。江戸幕府の創始者である徳川家康が、きわめて政略的な判断で、これを広めたからです。

当時の家康は、徳川家の絶対支配を正当化するための〝理論武装〟を、欲《ほっ》していました。そんな家康にとって、人の世の上下関係を絶対正義と捉える儒教の教えは、まさに「渡りに舟」、ドンピシャリの教えでした。彼は、国内の儒学者を幕府の〝お抱え学者〟として抱き込み、儒教を、徳川家お墨付きの学問としました。全国の大名もこれに倣《なら》ったため、儒教は江戸時代の道徳として国中に広まったわけです。

とは言え、お上《かみ》からの強引な押しつけだけで、儒教が国中に、しかも庶民にまで広まるわけもありません。むしろ日本人は、儒教の教えに自ら納得し、心からこれを求めたのです。儒教の教えは、じつに〝日本人の肌に合っていた〟わけです。

徳川幕府が公認の教えとして広めたがったのは、儒教の中でもとくに「朱子学《しゅしがく》」です。「朱子学」は高度に観念的な儒教解釈で、人の世の上下関係を〝有無を言わさぬ宇宙の原則〟とまで捉えます。幕府の独裁に、こんな都合のいい教えはありません。

対して、それに反する形で、儒教を、ヒューマニスティックで温か味のある教えと解釈する「陽明学《ようめいがく》」という学派も、江戸時代のごく早い時期から現れました。これは、朱子学と対立していた明《みん》の時代の儒学者・王《おう》陽明の教えがベースとなっています。ちなみに、西郷隆盛や吉田松陰《しょういん》といった幕末の英雄たちも、陽明学者です。

さらには、儒教を徹底してクールに「合理的な社会システム」の教えと解釈する、日本オリジナルの学派も現れました。これは、学派の中心人物だった荻生徂徠《おぎゅうそらい》の名を取って「徂徠学派」などと呼ばれます。

こうして江戸時代の日本では、儒教が広く深く研究され、本場の中国にも引けを取らないほどになったのです。

第十八篇『微《び》子《し》』

隠者の父子

いつのことだったかのォ。例の放浪時代のことだったか。……いや、別の時だったか。

なにしろ、わしが弟子たちとともに旅に出ていた時の話じゃ。

子路《しろ》が、な。わしら一行からはぐれて迷子になりおった。どうにもソソッカシい男じゃからな。そんなトラブルは、ちょくちょくあった。子路には、よく心配させられた。

その時も、旅の途中で、近所に珍しい書物を持つ人がいるとか何とか噂を聞きつけて、ぜひ自分だけでも寄ってみたいから単独行動を取らせてくれ、と頼んできたのじゃ。

「必ずや、すぐに追いつきますので。どうぞお気遣いなく、先生は若い者たちを連れて先にお進みください。行き先の方角は解っておりますから、だいたい道も解りましょう。私一人でもきっと平気です」

と、弾《はず》んだ声で、こう言うのじゃ。嫌な予感がしたのじゃがな。子路のキラキラした目を見ると、わしはどうも甘くなってしまう。

「ここからの道は、少し入り組んでて解りにくいのじゃがな……。マァ、サッサと用を済ませて、早く追いつくことじゃ。気をつけてな」

と、別行動を許してやった。

それで案の定、子路は道が解らなくなってしまい、迷ったらしいのじゃ。……でな。結局、まる一日遅れて子路は何とか追いついてきた。若い後輩の弟子たちもさんざん心配させられたから、皆してちょっと渋い顔で子路を迎えた。子路は、照れ笑いを浮かべて、こんな話をした。

「いやァ、どうも……。解ると思ったんですがねェ……。ここいらは、思いのほか道が複雑なんですなァ。昨日は、一人で右も左も解らず、難儀しました」

「それで、おぬし一人で、どう夜を明かしたのじゃ」

「ええ。それがです、ね。土地の親切な父子に会いまして。一晩世話になりました」

こうして、子路は前日の出来事を、わしらに話して聞かせたのじゃ。

「日が暮れかけて、どうにも方角が解らなくなって、『さて、どうしたものか』と、道の真ん中で思案していましたらね。道のわきの畑に老人が立っていまして、ジッとこちらを見ていたんですよ。杖を持って、汚いカゴを背負っていましてね。思わず目が合ったので、私はたずねてみました。

『ご老人。私の先生が弟子を連れてこのあたりを通ったはずなのですが、それらしい風体《ふうてい》の一行を、お見かけになりませんでしたでしょうか』と。

　すると老人は、ちょっと顎《あご》を突き出して、私にこう答えました。

『お前の先生……か。その者は、人の世は身分がどうのこうのと理屈を唱えるばかりで、身体を張って働くことを知らぬ男だろう。礼《れい》が何だ、人の身分が何だと、詰まらぬ決まりごとは知っておっても、稲と麦の区別もできぬ無知の者だろう。

　そんな無知でナマケ者の男を、なんでまた大層に、先生呼ばわりするのかのォ』と。

　そしてプイと畑のほうを向いて、あとは黙って畑の草むしりを始めたのです。

　私は気づきました。この老人は、先生を知っている。私が先生の弟子だと知っている――と。正直、その言いぶりにはカチンと来ましたけどね。何ぶん相手は老人です。老人を敬《うやま》うのは『礼』の基本ですからな。声を掛けてしまったからには、きちんと話を終わらせ挨拶をしてからでないと、立ち去るわけに行きません。

でね、私は『礼』に則《のっと》って、手を前で組んだポーズを取って直立不動のまま、草むしりの終わるのを待っていました。

そうしましたらね、老人は草むしりを中途でやめたんです。立ち上がって背を向けたまま、私に『ついてきなさい』と言いました。で、テクテクと歩き出したんです。私の様子を、途方に暮れているとでも受け取って、同情してくれたんですかね。

言われるままついていきますとね、老人の家に招き入れてくれました。粗末な家でしたけど。

でも、畑での時とは打って変わって、親切なんですよ。何くれとなく面倒見てくれました。食事までご馳走《ちそう》してくれましてね。庭の鶏を絞めて、新鮮なトリ料理を振る舞ってくれたんです。それと、炊きたての飯《めし》も。旨《うま》かったですなァ。

で、奥の部屋に床を延べてくれまして、グッスリ一晩休ませてもらいました」

こちらが夜通し心配していたというに、呑気《のんき》なものじゃ。マァ、これが子路なんじゃが。

子路の話は、まだ続いた。

「ああ、そうそう。子供が二人おりました。屈強な身体をした、人の好さそうな若者の兄弟です。

二人とも仕官はしていないそうで、毎日畑仕事に精を出しているとの話でした。……と言うより、仕官などするな、と老人から戒《いまし》められてたようですな。

老人は、この息子たちをずいぶんと自慢していましたよ。仲睦《なかむつ》まじい父子でした。二人とも、よく老人の言うことを聞いて……。私の食事や床の世話をしてくれたのは、この二人なんです」

子路は話を終えた。そして、わしに問うてきた。

「先生。何者だったのでしょうな、あの父子」

わしは、答えた。

「早い話、隠者じゃよ。人の世から一歩退《しりぞ》いて、自然のままに生きるを信条とする者じゃ。

世の中なるがまま。世の乱れも気にせず、世の役に立つ仕事も求めず、『礼』も学ばず、身分の上下もお構いない。ただ、おのれ独りだけでノンビリと、自給自足の暮らしに満足する。満足するのが正しいと、そう思っておる。

……マァ、わしとは正反対の考えを持つ人たちじゃな。そのご子息たちも、父親から、そんな暮らしを『正しい』と教えられておるのじゃろうて」

「ははァ、なるほど。それで、あんな暮らしを……。確かに、気楽は気楽そうでしたなァ。

でも、あれで、本当に幸せなんでしょうか。何と言うか……、人と生まれて〝生きる手応え〟というものが、あれで得られるのでしょうか」

さすがに子路じゃ。オッチョコチョイでも、大切なことは解っておる。

「何か気になるのか」

「……いえ、あの息子たちが。老人はどうしたって若者より早く世を去ります。その後、あの二人、どうなりましょう。先生……」

子路の言いたいことは、解っておった。その二人の若者に〝置き土産〟として「人の道」を説いてきてやりたかったのじゃ。

余計なお節介と言われれば、それまでかも知れぬが……。だが子路は、親切にしてくれた二人の若者の行く末を案じておった。

わしは、少し躊躇《ちゅうちょ》したがな。幸い、旅のスケジュールには余裕があった。それで、子路にこう言った。

「あのな、わしらは、ここにもう少し滞在してもよい。だから子路。気になるなら、もう一度そのご老人の家に行ってこい。二人に話をしてきたいのじゃろう」

子路は、嬉しそうに「ありがとうございます!」と答えると、もと来た道をすっ飛んで戻っていった。

半日して、子路は再び帰ってきた。首尾よく二人に会えたらしい。「二人に、こんな話をしてきました」と、わしらに報告した。

「君たち二人は、まだどこにも仕官していない。誰の臣下にもなっていない。だから、身分の上下関係など自分たちには無縁だ、と今は思っているだろう。お父上からも、身分などどうでもよい、と諭《さと》されておいでだろう。

昨夜、私は君たちの様子を見て、そう感じたよ。

でも、二人は、今でもごく自然に、上下関係を大切にしているよ。それぞれの身分を守って暮らしているよ。それを、自分で気づいているのかな。

弟御のほうは、君たちは兄上を敬い、よく従っている。兄上のほうは、弟御をとてもかわいがっている。君たちはそうやって兄弟仲良く協力して、お父上のために尽くしている。つまり、兄として、弟として、息子として、それぞれの〝身分の役割〟をきちんと果たして暮らしている。そんな暮らしを幸福と感じているはずだ。

人の世にあって、身分の上下関係とは、ね。そんな父子や兄弟の〝慈《いつく》しみ合いの関係〟の延長に、過ぎないんだよ。だから、人が身分を守って世のために働くとは、君たち家族の営みと同じものなんだよ。

人は誰しも、身分の上下を守って、身分に合った役割を果たして、人の世に平和をもたらさねばならない。それが、人の世に尽くすということだ。仕官するとは、そういうことだ。その志あればこそ、人として生きる甲斐があるっていうモンだ。

つまり、だ。若いうちからサッサと世の中に背を向けて、自分独りだけ気楽に暮らしていければいいや、なんて考えは、本当の幸せにはつながらない。それを知ってほしい。

――と、これが、私の先生が私に教えてくれたことなんだ。君たちにも、そんな先生のメッセージを残しておきたかったんだよ。

今の世は、乱れている。身分の上下が正しく守られていない。それを守ろうとする者は、かえって辛い目に合ってしまう。私の先生も、まさにそんな一人なんだ。だからこそ余計に、君たちのような若い善人の人たちに、正しい人の世の姿を、伝えておきたかったんだ。で、私はこうして、また来たというわけさ」

――とな。二人を相手に、これだけの教えを説いてきたそうじゃ。

「二人は何か答えたか」

わしは、たずねた。

「黙って聞いていただけでしたね。父親からふだん教えられていることと正反対の教えを、いきなり聞かされたわけですから、そりゃアとまどったでしょう。はたして、どう取ってくれたことやら……。でも、私はこれでスッキリしました」

子路は満足気な笑顔を見せた。

「さぁ、だいぶ道草を食った。行くか」

と、わしはそれだけ言って、皆をうながした。そして旅を続けた。

そのご老人とご子息たちが、その後どう生きたのか。それは、知らぬ。

ただ、わしとしては、この出来事によって、我が弟子ながら、子路を「偉いものじゃ」とあらためて見直せた。それが、嬉しかった。

……と、そんなことがあった、という話じゃ。

第十九篇『子張《しちょう》』

「友は交わる前に選べ」

あるいは、知ってくれている者もおるじゃろうが、わしは七十四で死んだ。よくぞ、そこまで長生きできたものよ。

……ああ、しかし先ほどここの係の者に聞いたら、こんにちの皆の国では、男がそのくらい生きるのはふつうだそうじゃの。たいしたものじゃ。皆もよくよくおのれの身体をいとおしんで、わしなどよりもっと長生きして、実りある人生を送っておくれ。

さて、わしが死んでからの話じゃがの。

わしは死んでからも、魂となって、しばらくは、この世に残していった子孫と弟子たちを見守ることにした。

わしには息子と娘があった。でも、息子のほうは、わしより先に死んでしまっての。ただ、息子は孫を残していってくれたので、わしの家系は残ることができた。

弟子たちは、わしが死ぬと三年間、喪に服してくれた。わしの墓の傍《かたわ》らに毎日のようにいてくれてな。わしは、じつに慰められた。それで、三年経ったら、皆思い思いの道を歩むべく散り散りになっていった。

……ああ、しかし子貢《しこう》だけが、一人で墓の側に残ってくれてな。彼だけ、さらに三年間も喪に服してくれた。ありがたいやら、済まぬやら……。わしにしてみれば少々複雑な心境じゃったがな。

弟子たちは、それぞれ散っていった土地で、仕官して世のために働き、あるいは、人を教えて「礼《れい》」を広めていってくれた。嬉しいことじゃった。

だが、かつて同門で学んだ者どうし、やはりライバル意識というのが、あってな。互いに、わしの教えの解釈について、相手を批判したり論争したりと、なかなか派手にモメておったよ。

もっとも、わしは、悪いこととは思わなんだ。人は本来、おのれのアタマで考え、おのれの力で「人の道」を知る。そこに、その者のオリジナルな解釈が入っても、大いによろしい。そうやって人類の知恵は、バラエティに富んでいき、広がりを見せていくのじゃ。

そんなわけで、わしが魂となってから見守ってきた弟子たちの論争のネタを一つ、ここでご紹介してみようか。

……。

いつだったかな。

わしの弟子たちも、おのおの成長して、他人様に「仁《じん》」を教える立場となり、それぞれが多くの弟子を抱えるようになっておった頃じゃ。皆、わしの教えを引き継ぐ者じゃから、交流も活発にしておった。

子夏《しか》、子張《しちょう》という弟子がおっての。二人とも、わしより四十以上年下の弟子じゃ。孫みたいなものだったの。子夏は、じつに切れ者での。子張は、いつも堂々とした、りりしい男じゃったよ。

それでな、子夏の弟子たち数人が、使いに出た時だったか何だったか、たまたま子張と会うチャンスがあった。子張は気さくじゃからの。彼らを歓迎して、よもやま話に花を咲かせていた。そのうち、何の拍子であったか、子夏の弟子の一人が、子張にこう問うた。

「子張先生。友だち付き合いは、どんなふうにすれば『君子』への道に役立ちましょうか」

子張にしてみれば、聞いてきたのは〝他人の弟子〟じゃからの。すぐには答えず、まずはこう返事をした。

「君たちは、そうした質問は、まず子夏先生にうかがうのが筋だよ」

「はい。承知しております。以前に聞きました」

「だったら何故、私に同じ質問をするのかね」

「……いえ、それがチョット納得しきれないお教えだったモンですから……。

孔子先生に学んだ別の方でも同じ答をなさるのかナ……と」

子張は、答えていいやら悪いやら、少し悩んだようじゃった。そこで、とりあえず彼らにこう聞いた。

「子夏先生は何とおっしゃったのだい」

「はい。『友は、まず交わる前に選べ』と。

『相手が知恵を持ち才能を持つ者なら、大いに友情を結べ。その知恵や才能を分け与えてもらえて、大いに役に立つ。だが、相手が愚か者で才能ない者なら、見捨てろ。そんな相手を友としても、何も得られぬ。

友を求める時は、この区別をしなければならぬ。区別できねば、君子にはなれぬ』と。

……私ども、そんなふうに友だちを〝値踏み〟するのは、何やら気が引けまして……。でも、やはりそうすべきなンでしょうか」

この答を聞いたとたん、子張はたちまち顔を紅潮させた。険《けわ》しい目となり、不機嫌になったのがミエミエじゃった。こんなふうに感情を〝正直〟に出してしまうのが、子張じゃよ。答えた子夏の弟子が思わずビクッとして、ちょっと後ずさりしたくらいじゃ。

子張は口角《こうかく》あわを飛ばす勢いで、興奮気味にまくし立てた。

「それは、違うぞ！　孔子先生は、私にはそんなことはおっしゃらなかった。よいかね。孔子先生のお教えは、こうだ！

『君子とは、知恵の深い者や才能ある者と交わることで、相手から学ぶ。一方で、知恵の足らぬ者や才能のない者は、これを優しく包み込む。そうやって誰とでも交わり、多くの人と幸福を分かち合う』と。

知恵や才能がないから〝友としての価値〟がゼロだ、なんて……。そんな思いやりのカケラもないセリフ、君子の口にすべきものではないぞ！

だいたい、子夏の理屈はおかしい！　その〝区別されるほうの立場〟に我が身を置き換えてみたまえ！

もし、自分に知恵や才能が初めからあるのなら、確かに、誰もが友だちになりたがって近づいてくるだろう。けれど、自分にはすでに知恵も才能も備わっているわけだから、今更誰かと付き合って知恵や才能を分けてもらう必要は、ないはずだ。すなわち、友だち付き合いなんて『初めから意味がない』ことになってしまう。

一方、もし自分に知恵も才能もなければ、誰もが友だちになりたがらず、誰も近づいてこない。つまり、こちらに〝友だちを区別する権利〟なんて、初めからなくなってしまう。『友を選ぶの何だのと〝偉そうなこと〟を言えた立場かッ！』と突っ込まれる羽目に、陥ってしまうじゃないか。

つまり、子夏の教えでは、友だち付き合いそのものが成り立たなくなる。まったく〝使いモノにならない〟教えだ！」

子夏の弟子たちは、子張の激しさにすっかり気圧《けお》されて、シンとしてしまった。明らかに、怖がってさえいた。誰もが神妙な面もちで、顔を見合わせた。

子張は、言うだけ言った後、おのれの興奮にハッと気づいた。そして、口をつぐんだ。

双方しばらくは、うつむきかげんに黙っていた。気まずい空気じゃったな。が、ややあって、取り繕《つくろ》ったように子張のほうから別の話題を持ち出しおった。もっとも、ムードは白けたままじゃったが……。

その後のことまでは、わしは知らぬ。見届ける気も、さしてなかったでな。ただ、子夏の弟子で子張の門下に移った者が、何人かいたようじゃ。

わしはな、子夏も子張も、両方とも正しいと思う。

二人とも、わしの教えを自分なりに理解しておったよ。わしから見れば、二人の言うことは正反対のようで、そのじつ、矛盾がない。どちらの理屈も、わしの教えから外《はず》れておらぬ。

要は、ここで述べられている「知恵」や「才能」という言葉の意味を、どう捉えるかじゃ。

「深い知恵」とは、単に書物によって〝詰め込まれた知識〟ではない。人が日々を真面目に生きて、出会った人たちを思いやって、その経験から学んでいったさまざまなこと。それが「知恵」なのじゃ。

だから、書物を読んでおらなくても、学問をする暇がなくても、人生に真面目な人なら、きっと「深い知恵」を持っておる。

すなわち逆に言えば、「愚か者」イコール「不真面目で、思いやりのない者」じゃ。これと付き合う価値は、確かに少なかろう。

そして、「才能」とは、決して〝何の努力もなしに備わったもの〟ではない。おのれの可能性を見出し、それを磨くべく努力して、ようやく花開いたもの。それが「才能」じゃ。

すなわち「才能ある者」イコール「努力した者、努力の大切さと難しさを知っている者」じゃ。こうした人が「君子」じゃ。友として交わり、見習うべき人じゃ。

子夏も子張も、誇りに思える弟子じゃよ。先ほどわしは、おのれの長生きを喜んだ。けれど、どうせならもう少し、さらに長生きして、こんな若い弟子たちともっと一緒に過ごしたかったの。

第二十篇『堯曰《ぎょうえつ》』

五つの良い政治

我が中国大陸は、古来より幾つもの王朝が成り立ち、それぞれの王朝で何人もの「天子」様が、この地上を統《す》べてこられた。

「天」より、人類を統括する使命をお受けになった「天子」様たちは、ある御方はその使命をご立派に果たされ、ある御方は、図らずも道を誤って、「天」よりの裁きを受けられた。わしが生きておった時代に至るまでも、やはり色々な「天子」様がおいでになった。

わしは、そうした歴史を振り返ってつくづく思ったものじゃ。

人の世にあって、「天」がお認めとなる政《まつりごと》の本質は、やはりただ一つ、ズバリ「仁《じん》」じゃ。「仁」に貫かれた政こそが、民を幸福へと導く。人の世を栄えさせる。

では、「仁」に貫かれた政とは、いかなる姿か。これまでにも事あるごとに語ってきたつもりではあるがの。ボチボチ今日のわしの話も、終わりとしようかと思っているでの。最後の締めとして、この点を今一度まとめて、語ってみたいと思う。

じつは、「政とは何か」と以前に子張《しちょう》より問われた時、その答が、『我ながら、うまくまとまったなァ』と後で思えたものだったのじゃ。そこで、それを最後に皆にも聞かせたいと、こういうわけなのじゃよ。

……。

「先生、政の基本をまとめてご説明いただけませんか」

いつであったか、子張がこう聞いてきた。この時は、チョイとわしのアタマが冴《さ》えておったようでの。その場でこれを幾つかのポイントに整理して、説明できたのじゃ。それは、こんなふうであった。

「うむ。それはな、五美《ごび》・四悪《しあく》にまとまる。

すなわち、五つの良き政の行ないを心掛け、四つの悪しき政の行ないをせぬよう戒《いまし》めることじゃ」

「それは、いったいどのようなことでしょう。五美とは何ですか」

「うむ。まず第一に、民に恵みを与え、しかも、その恵みを費《ついや》させない。

第二に、民を働かせ、しかも恨みを持たせない。

第三に、自ら求めるものあっても、それを民より優先させない。

第四に、民の前で威風堂々としていながら、驕《おご》り高ぶったイメージを抱かせない。

そして第五に、民が見上げるような尊大さを備えながら、民にプレッシャーを感じさせない。

と、これをして五美と呼ぶ。

政の頂点に立つ御方はすべからく、これを積極的に行なわれる。そして、政に携わる者はその末端まで、すなわち現場の下級役人に至るまでが、これに倣《なら》わねばならぬ」

「なるほど。解ったような気がいたします。ただ、そのォ……。第一の内容が、どうもピンと来ないのですが……。そこのところを、何か具体的にお教えいただけませんか」

「うむ。それは、良いところを突いてきたぞ。

恵みを与え費させない、とはな、民の暮らしが便利で豊かになるには何が必要かを、まず考える。そして、その入り用のものを築き、あるいは調達するに、どうすれば少しでも安く上がるか、経費を低く抑える工夫を考える。

この二つの考えを、必ずセットのものとして念頭に置くことじゃ。

たとえば、山野を広げて農地を増やすとか、道路を延ばして隣国との行き来を便利にするとか、そうした〝民の暮らし本位のプロジェクト〟を立案する。さらに、それを実現するに民の負担を少しでも抑えてやる。

そうすれば民にとって、そのプロジェクトの実現から得られる利益が、より大きくなる。民はますます潤《うるお》い、民の喜びが国の平和を、より磐石《ばんじゃく》なものとする――というわけじゃ」

「なるほど」

「ついでに、第二以降のポイントについても、詳しく説明しておくとな……。

働かせて恨ませない、とは、民に課する使役《しえき》は、その成果が〝直接に民のためとなるもの〟にする、ということじゃ。たとえば、干害を防ぐための用水路工事などじゃな。

民とて『この仕事は、俺たちや俺たちの家族、俺たちの子孫のためなんだ』という強い実感が持てれば、大いにやる気が出る。辛《つら》い使役でも自ら進んで頑張ってくれる。その使役に恨みを持つ者など、出てはこまい。

そしてな、第三ポイントについて言うなら、政に携わる者がおのれの欲望を優先させないのは、これは政の基本中の基本じゃろう。まさにこれこそが、『仁』そのものなのじゃから。

次に、第四ポイントの、驕り高ぶらない、とはな。政においては、相手人数の多い少ない、相手勢力の強い弱いに関係なく、常に同じ態度を貫く、ということじゃ。

たった一人の民を相手にする時も、強大な他国の使者に対する時も、おのれの誠意だけを示して、それ以上でもそれ以下でもない態度を取る。人からの信頼とは、そうした者にこそ注がれる。

相手によって驕ったり侮《あなど》ったりと、態度をコロコロ変えるのは、結局おのれの損得・私利私欲しか思わぬ者の態度じゃからの。

そして第五ポイント。民が見上げながらもプレッシャーを感じない態度。これはズバリ、威儀をきちんと正した服装じゃよ。

役人として、冠をいつもまっすぐに頭に据え、衣服は常にピシッと整える。見た目の姿形を、正しくする。

『姿形などどうでもよい』などと言う者がおるがの。それは嘘じゃぞ。正しい服装とは、人に〝好感と安心感〟を与えるものじゃ。元来〝そういうふうにできておるもの〟をして『正しい服装』と、呼ぶのじゃ。

これぞ『礼《れい》』の本質じゃ。

民は、政に携わる者に好感と安心感を持てれば、ごく自然に、これを敬うようになる。政に携わる者は、『我を崇《あが》めよ』などと居丈高にプレッシャーを示さずとも、当たり前に敬ってもらえる。そうしてこそ、人の世の〝正しき上下関係〟が成り立つ。

解るじゃろう。これぞ政の五美じゃ」

「イヤァ〜。じつによく解りました！　感動です！　先生、どうせなら、四悪についても、詳しくお教えください」

「うむ。わしも、乗ってきたぞ。四悪とはな、すなわち虐《ぎゃく》・暴《ぼう》・賊《ぞく》・吝《りん》じゃ。

まず、虐。

民に教育を施《ほどこ》さず、やって良いことと悪いことの区別を学ばせず、それでいて、民が罪を犯せば、有無を言わさず厳しく罰する。これが虐じゃ。

何も知らぬ者が過ちを犯すのは、仕方のないことではないか。その過ちは、犯した当人よりも、何も教えていなかった者の罪じゃ。無知は、無知であることが不幸であり、無知にすることが悪なのじゃ。

民に教育の機会を与えず、その結果、民が乱れ、国が乱れる。そうなってからあわてるような者は、およそ政に携わる資格はない。

次が、暴。

使役の労働にしろ、農作物の生産にしろ、国が求める成果を着実に上げるための細やかな注意や指導を、ふだんから与えてもおらんくせに、いきなり『この程度ではダメだ』などと民をしかりつける。これすなわち、暴じゃ。

『この程度』でダメならば、『この程度』以上の成果が上がるように初めっから民を指導しておくのが、本当じゃろう。民の〝元々の力量〟というものをちゃんとチェックしておいて、必要な注意や指導を事前に与えておくのは、政に携わる者の義務じゃ。

何につけても、民から『だったら、もっと前に言ってくれよ』といった類《たぐい》の不満を訴えられたなら、それは政の失敗なのじゃ。

三つめが、賊。

民に下す命令の期限やノルマをアヤフヤにしておいて、土壇場になって急に、期限やノルマを厳しく迫る。民を急《せ》き立て、あわてふためかせる。これが、賊じゃ。民にとって、これほど迷惑なものはない。

厳しい命令を下さねばならぬのなら、それはそれで、先にシッカリと伝えておかねばならぬ。民に〝それなりの覚悟〟をしておいてもらわねばならぬ。

『厳しい命令を露骨に下すのは民に気の毒で、ついアヤフヤにしてしまった』などは、政のプロが絶対に口にすべき言い訳ではない。上に立つ者は、八方美人になりたがってはいかん。

そんな態度は、本当の民への思いやりではない。『仁』ではない。おのれの人気を失いたくないというだけの、保身に過ぎぬ。私利私欲に過ぎぬ。

最後が、吝じゃ。

政とは、民に仕事をさせ、民に貢《みつ》がせるだけでは、決していかん。民より受け取ったものや仕事には、それに見合っただけのものを返さねばならぬ。要するに、何事につけ、ギブ・アンド・テイク。これが、人の世の〝正しき上下関係〟の鉄則じゃ。

すなわち、民に、仕事の成果に応じた報酬や褒美《ほうび》を与えるのは、いわゆる〝特別なはからい〟などではないのじゃ。当然のことじゃ。なればこそ、報酬や褒美はケチケチしてはいかん。

この点をわきまえず、民への報酬や褒美を少なく抑えようとする。これがすなわち吝じゃ。政における最悪の対応じゃ。

そんなことをして国の倉を守ったとて、偉くもなんともない。そのことによって国は、民からの信頼を失う。民の信頼ほど国にとって大切な〝財産〟は、ない。その財産を失ってしまうのじゃからの。

すなわち、民の信頼を保つための経費。これは〝抑えてはいかん経費〟なのじゃ。これと、いわゆる〝経費の無駄遣い〟との区別がつかぬ者は、やはり政に携わる資格がないというわけじゃ。

以上が、すなわち四悪じゃ。どうじゃ。よく解ったであろう」

子張は、じつにスッキリした表情で、

「いや、本当によく解りました。この教えは、私の肝に銘じて決して忘れませ
ん！」

と、まことに力強く答えてくれた。

……というわけで、の。この時に子張に与えた教えは、我ながらうまくまとめられたので、皆にもぜひ最後に聞いてもらいたかったのじゃよ。

今ここで、こうして皆の様子を眺めてみると、皆の顔もまた、あの時の子張の表情とよく似ておる。学んだ喜びに満ちた、じつに良い顔じゃ。

……。

さて、と……。

夜もなかなかに更《ふ》けてきたな。このへんが潮時じゃろうて。今日は、これで終わりとしようか。

皆も疲れたであろう。よくぞ最後まで、わしの話を聞いてくれた。皆に感謝する。

では、これでな。

後口上

孔子先生、長いお時間にわたり、ありがとうございました。私たち一同、さまざまなことを学ばせていただきました。

本日のお話は、いずれも、たいへんに感動的で、解り易く、有益なものばかりでございました。さらに、名人上手と謳《うた》われる落語家顔負けの先生のお話のうまさには、本当に聞き惚《ほ》れてしまいました。お聞きの皆様におかれましても、しきりとうなずかれたり明るい笑い声をもらされたりと、全くあきることなく先生のお話に耳を傾けていらっしゃったご様子が、こちらからも見て取れました。さすがは、三千人ものお弟子が慕《した》った孔子先生と、あらためて感服いたしました。

また、お弟子の方々にまつわるお話も、じつに感銘深いものばかりでした。孔子先生より直接に教えをお受けされたお弟子の方々を、とても羨《うらや》ましく感じたのは、私だけではないと思います。

では、どうぞ皆様、盛大なる拍手をもちまして、私たちの先生への感謝とご慰労の念を示したく思います。

（一同拍手。孔子、にこやかに手を振って一礼した後、立ち上がって控室へ退場）

……。

エーッ、というわけでございまして……。

本日の集《つど》いは、これでお開きとなります。皆様も、長時間にわたってお疲れ様でございました。

それにつけましても、申すまでもなく本日のお話は、『論語』の一部に過ぎません。他の内容についても、またこのような形で孔子先生に語っていただく機会を作れればと、スタッフといたしましては、せつに願う次第であります。

なお、本日のお話は、ＰＨＰ文庫にて『世界一わかりやすい「論語」』のタイトルで、発行の運びとなります。どうぞ、そちらもよろしくお願い申します。

では、皆様。お帰りの際は、飲んだお茶の空缶を、出口そばに据えましたゴミ袋に捨てていかれますよう、お頼み申します。階段付近は混み合いますので、気をつけてお降りください。

本日は、まことにありがとうございました。

コラム・スペシャル
「漢文で楽しむ『論語』」

言うまでもなく、『論語』の原文は古代中国語でつづられています。早い話〝漢字だけで書かれている〟わけです。

私たち日本人の祖先は、こうした古代中国文献の原文に、送り仮名を補《おぎな》い、つづられた語の順番を一部入れ替えて読むことで、これを〝日本語風文章〟に変換する「漢文読み」の技術を、開発しました。日本人が、さまざまな言語の文献の中で古代中国のものに限って〝外国語と感じない〟のは、まさにこの技術のおかげです。

この「漢文読み」は、じつにリズミカルなもので、声に出して読んでみると独特の楽しさがあります。ことに、日本人が長く親しんできた『論語』は、この楽しさが際立《きわだ》っています。江戸時代から昭和前期の頃まで、子供の教育に『論語』の暗唱がふつうに行なわれていたのも、それゆえです。

また、私たちがふだん当たり前に使っている熟語やフレーズの少なからぬものが、意外にも「漢文読み」の『論語』から生まれているのです。そこで、このコーナーでは、それらの実例を中心にあげて、読者の皆様に、ほんの一部ながら漢文で読む『論語』の楽しさを味わっていただきたいと思います。

子《し》曰《のたま》わく、学んで時に習《ここ》う、亦説《またよろこ》ばしからずや。有朋《とも》、遠きより方《なら》び来たる、亦《また》楽しからずや。人知らずして慍《いか》らず、亦君子《またくんし》ならずや。

（本書14ページ10行目からの元の文）

●「学習」という言葉は、『論語』のこの項目から生まれました。本来、「学」は「知り覚える」の意味、「習」は、「繰り返し〝おさらい〟する」という意味ですから、テスト前の〝一夜漬け〟では「習」の意味が乏《とぼ》しくて、本当の「学習」とは呼べないわけです。

子曰わく、吾《われ》十有《ゆう》五にして学に志し、三十にして立ち、四十にして惑わず、五十にして天命を知る、六十にして耳順《みみしたが》う、七十にして心の欲する所に従いて矩《のり》を踰《こ》えず。

（本書40ページ5行目からの元の文）

●人生の節目となる年齢の特徴を表すのによく使われる言葉が、この項目から生まれました。とくに四十歳をよく、「人生の覚悟ができた立派な大人」として「不惑《ふわく》の歳」などと表します。もっとも、最近の四十代前半程度では、せいぜい「立派な大人の入り口に立てたかな……？」といったところで、今時の流行語である「コヤジ（オヤジ世代のコドモ）」という呼び方のほうが、実情に合っているようです。

子曰わく、故《ふる》きを温《たず》ねて新しきを知る、以て師と為すべし。

（本書35ページ17行目からの元の文）

●上司が若い部下にお説教する時などによく使われる〝お決まりフレーズ〟の「故きを温《たず》ねて新しきを知る」「温《おん》故知新《こちしん》」は、この項目が元ネタとなっています。

子曰わく、朝《あした》に道を聞かば、夕《ゆうべ》に死すとも可《か》なり。

（本書56ページ12行目からの元の文）

●学問なり技術なり、さまざまなジャンルで〝奥義〟を知る難しさを表したフレーズとしてよく使われる、なかなか意味深な表現です。

子曰わく、君子《くんし》は和《わ》して同ぜず、小人《しょうじん》は同じて和せず。

（本書140ページ16行目からの元の文）

●『論語』は、こうしたリズミカルでスキッとまとまった対句表現が、多く見られます。なお、「小人」とは「君子」の対照語で、本書では「愚か者」などと訳しています。

これらの他にも、本書で取り上げなかった項目で、こんにちの日本語の中に生きている言葉やフレーズの〝出所《でどころ》〟になっているものが、たくさんあります。じつは『論語』は、現代日本人にとっても意外なほど身近な書物なのです。

本書は、書き下ろし作品です。

著者紹介
長尾　剛（ながお　たけし）
東京生まれ。東洋大学大学院修了。ノンフィクション作家。
主な著書として、『漱石ゴシップ』（文春文庫）、『あなたの知らない漱石こぼれ話』『早わかり日本文学』（以上、日本実業出版社）、『日本がわかる思想入門』（新潮ＯＨ！文庫）、『知のサムライたち』（光文社）、『手にとるように「おくのほそ道」がわかる本』『手にとるようにユング心理学がわかる本』（以上、かんき出版）、『大塩平八郎　構造改革に玉砕した男』（ベストセラーズ）、『幕末・明治匠たちの挑戦』（実業之日本社）、『新釈「五輪書」』『話し言葉で読める「方丈記」』『30ポイントで読み解く「禅の思想」』『話し言葉で読める「西郷南洲翁遺訓」』『世界一わかりやすい「孫子の兵法」』（以上、ＰＨＰ文庫）などがある。

ＰＨＰ文庫　孔子が話す
世界一わかりやすい「論語」

2008年2月18日　第1版第1刷

著　者　長　尾　　剛
発行者　江　口　克　彦
発行所　ＰＨＰ研究所
東京本部　〒102-8331　千代田区三番町3番地10
文庫出版部　☎03-3239-6259（編集）
普及一部　☎03-3239-6233（販売）
京都本部　〒601-8411　京都市南区西九条北ノ内町11
PHP INTERFACE　http://www.php.co.jp/

組　版　朝日メディアインターナショナル株式会社

印刷所
製本所　図書印刷株式会社

落丁・乱丁本の場合は弊社制作管理部（☎03-3239-6226）へご連絡下さい。
送料弊社負担にてお取り替えいたします。
ISBN978-4-569-66982-3